翻轉學

翻轉學

真富富人

假富富人,

Poor Rich　　Real Rich

韓國會計之神教你三大致富公式,
只懂加減法,就能打造財務自由的金錢系統

진짜 부자 가짜 부자

史景仁 사경인——著　**朴愍和** 박경화——企畫

林建豪——譯

目　錄

Part 2
學習致富，現在起步不嫌晚

前言
有車、有房，也未必是真富人

　　我名下沒有房，而是在首爾郊區租了一間老舊的公寓，離太太的娘家不遠。我的車是國產車，車齡超過十年，在中古車市場的估值約 300 萬韓元*（約新台幣 75,000 元）。

　　就算沒有房子和名車，但我是個有錢人。以一般人的眼光來看，大概無法理解，但以我的標準來看，我是貨真價實的有錢人。

　　我並不是指「一無所有，但心靈富足」的富人，身為一名會計師，我是以數字與金錢作為根據，提出這項主張。

　　相較於三、四年前，我的所得減少了一半。45 歲的年紀應該是開銷最大的階段，如果收入砍半，多數人應該都會覺得壓力非常沉重，但我卻絲毫沒有壓力。三、四年前，我還不是真正的有錢人，後來我創造了「富人公式」，透過公式計算的結果顯示，我現在才算是真正的有錢人。

　　有人大概會說：「我不想變成沒房、沒車、所得砍半的有錢人。」為了解決這些人的疑惑，我提供幾個案例作為說明。

　　幾個月前，我在太太預產期那段期間，停止工作將近一個月，把時間用來照顧即將臨盆的太太和胎中的小孩，還要安撫

---

* 1 韓元約新台幣 0.025 元。

面對突如其來的變化而不知所措的大兒子。這和太太生第一胎時，我還必須教課的時期完全不一樣。

幾週前，我在 FB 看見了一則貼文：「有人想去芬蘭羅瓦涅米（Rovaniemi）住一個月嗎？」

由於這位住在芬蘭的貼文者三週後要到韓國一個月，因此這段期間可以把房子免費出借。他的貼文在短時間內獲得許多人分享、按讚和留言，不過主要留言都是類似以下的內容：

「哇！真的是一個不錯的機會耶，好羨慕能去的人！」

「真的很想報名。」

「突然想離職了。」

「目前的處境無法報名，但我的心會跟著去的。」

換作是你，能在三週後立刻展開為期一個月的旅行嗎？看到那則貼文後，我只需要「太太同意」，不需要擔心旅費或生計，所以當天晚上我就立刻報名了。

因為我透過「富人公式」成為「真富人」後，我獲得了財務自由。

本書中會說明我是如何擁有這樣的生活，我之所以能成為真富人，不是對「金錢的執著」或「過度節省」，最重要的是「領悟」與「設定方向」！期待你透過本書能有以下的領悟：

1. 可以區分「真正的資產」與「假的資產」。大多數的人

都把非資產的物品（房子或汽車）誤以為是資產，因此無法成為有錢人。

2. 可以區分「好的負債」與「壞的負債」。有人會說絕對不能負債；相反地，也有人利用債務成為有錢人，只要領悟其中的原理。

3. 可以區分「能成為有錢人的所得」和「無法成為有錢人的所得」。明白為什麼有人高薪卻憂鬱纏身；有人所得不高卻能過著悠閒生活。

4. 不要執著於盲目節省，而是學會不影響生活的節省方法。別為了節省而犧牲生活品質，應該透過節省享受更好的人生。

5. 重新定義有錢人的標準。不該以一般的財產當作基礎，而是以對人生的滿足度為基礎，設定有錢人標準，並且讓自己更接近幸福的人生。

這是一本關於會計學的書，讓你明白為什麼會計會成為「富人公式」，可以付諸實踐，這也是一本關於生存之道的書。

我的父親沒教我的理財知識，為了能讓我的小孩在未來學會財務知識，於是我才寫下這本書。通常我不會對過去的事感到後悔，但有些事「如果能早點明白會更好」，我會收錄在本書中，希望閱讀本書的你，在幾年後可以過著財務自由的生活。

Part 1

成為真富人的公式

第 1 章

成為有錢人的必備技能 —— 會計

◇ 學校唯一教你讓錢為你工作的科目

全球暢銷書《富爸爸，窮爸爸》（*Rich Dad, Poor Dad*）作者羅勃特‧T‧清崎（Robert T. Kiyosaki）在書中談到了兩位爸爸，一位是取得博士學位、累積漂亮履歷卻貧困的父親；另一位則是連國中都沒畢業，卻成為有錢人的爸爸。

富爸爸對想要學習成為有錢人的主人翁說：「學校不會教你如何成為有錢人！透過學校教育只會學到『為了錢而工作的方法』，無法學會『讓金錢為自己工作的方法』，這兩項是完全不同的學習，但只有一項科目例外，那就是會計。」

為何富爸爸主張學校教育對成為有錢人沒有幫助，唯有會計是非學不可的呢？初次接觸此內容時，身為會計師的我內心相當激動，我以自己的職業為傲，同時深信自己總有一天會成為有錢人。但學習的過程中，我明白了一件事，那就是會計師所學的會計與成為有錢人所需要的會計，有相當大的差異。

會計是成為富人不可或缺的一項學習，不過一般人所知道

的會計學和成為有錢人的方法還有一段距離。在學校學的會計無法讓我變有錢，而是讓公司變有錢。

讓公司變有錢的「企業會計」與讓自己變有錢的「個人理財會計」雖然是相同原理，但實際運用時截然不同。

▽ 沒錢，是因為對錢不了解

雖然我們都想財務自由，但從未認真學習理財的相關知識，一講到「學理財」就會有一股莫名的距離感。

聽見子女說要讀書時，家長都會很開心，但如果是學習理財呢？一般人都認為金錢與讀書相互衝突，我的父親也是如此，當我還在就學時，他不允許我打工，對我說：「錢的問題交給爸爸擔心，你努力讀書就好！」

我的父母年輕時都沒能如願完成學業，因為沒錢供他們繼續讀書，必須幫忙家中事務或工作賺錢。父母為了不讓我遭受同樣的委屈，所以不准我打工。

但父親讓我專心讀書的決定，反而讓我的潛意識形成「不用為錢擔心」與「不需要在意錢」的觀念，直到進入社會後，我依舊認為不需要太過在意與擔心錢。後來，我才意識到自己的經濟處於非常糟的狀態，儘管我的工作是會計師。

我研究所念的是會計學，後來考取會計師執照。一直到結婚為止，我在會計事務所工作四年，但我的財務狀況依舊很

糟，經常要尋求他人的幫助。

明明在幫資產數千億的公司處理事務、找出財務問題，卻沒察覺到自己的財務出了狀況。就算知道自己陷入困境，但找不到原因，也找不到脫困的方法，無法將所學用在自己身上。

人們會對錢感到焦慮，與其說沒有錢，不如說是對金錢不了解。假設我月薪固定是 300 萬韓元，不會增加也不會減少，也無法貸款，無論如何都要想辦法靠這筆錢生存；如果每個月只有 200 萬韓元（約新台幣 5 萬元），也只能想辦法省錢，過著量入為出的生活，想花一大筆錢買房或買車，根本是天方夜譚。不過就算錢不多，依然能在生活中找到小確幸。

但如果我的收入和支出並不固定，時而增加、時而減少，像是結婚、有小孩後，支出自然增加，也許會買房貸款，也可能不小心投資了高風險的標的，每天都要擔心錢的問題，期望明天會更好，卻始終看不見未來。

要是對未來十年有所期待，就該先反思十年前的自己！依照十年前的期待，現在的我是否有改變呢？

多數人都沒能掌握金錢的主導權，無法把錢花在刀口上，還會因為不同的因素不得已花錢。只要透過以下的問題就能明白原因：「每個月賺的薪水到底都跑去哪了？為什麼會過得如此拮据？」

◆ 通往富人之路的衛星導航

　　幾年前，我講課結束，開車返家途中，衛星導航突然故障，剛好手機也沒電。還好先前來回過好幾次，勉強憑著印象才找到家，但多花了一倍的時間。

　　學習金錢的概念與成為富人的方法後，我明白了一件事，會計像是在成為富人的路上，負責指路的導航！不過沒有導航不代表無法行駛或抵達目的地，也有人不懂會計卻能成為有錢人，但如果他們懂會計，一定能更早成為有錢人。

　　只要輸入目的地，導航就會找出距離目前位置的最短路線，引導我們前往目的地。本書也會以相同的原理，引導各位踏上富人之路。

1. 導航會幫忙定位你目前的位置

　　必須掌握目前的位置，導航才能搜尋路線，雖然很多人都想成為富人，但很少人明白自己與成為富人還有多少距離。你是否有寫過自己的財務狀況表呢？會計的「財務狀況表」和一般的財產清單不同，只要利用非常簡單的問題就能檢視你的財務狀況。

2. 輸入目的地

你認為怎樣才算是有錢人？你想成為怎樣的有錢人？雖然每個人都想成為有錢人，但很少人對有錢人有具體的標準。

有錢人的標準可能因人而異，但差異不一定是資產的多寡。每個人衡量的標準不同，舉例來說，如果問「是1億？還是10億？」衡量標準是「財產」，但有人不是用財產的標準衡量是否有錢，我就是這種。看完本書後，你也能建立自己的標準，設定目的地。

3. 掌握抵達目的地的各種路線

大部分的導航只要輸入目的地，會同時告知多種路線，例如：距離最短的路線、最不會塞車的路線、不需要通行費的路線等。

成為富人的道路也有很多條，本書將會介紹幾條通往富人的道路。然而，汽車不是只要設定導航，就會自動行駛到目的地，即使導航會告知路線，也必須由駕駛親自行駛才能抵達目的地。

換句話說，不是閱讀本書就會自動成為有錢人，還是必須付出努力，依照路線向前邁進才行。不過，會計能持續給你反饋與動力，讓你走完艱困、枯燥的道路。

　　電玩 RPG（角色扮演遊戲）其實是一種相當無趣的遊戲，為了取得道具，必須不斷「打怪升級」，為了能迅速升級，許多人會熬夜，重複點擊滑鼠，看到自己的角色漸漸變強、獲得成長，更會忘情點擊滑鼠。學習會計能不斷看見自己富人等級的提升，當真正內化時，就更接近自己的人生目標。

只懂加減法，就能變富人

　　會計理論的課程會教幾項公式，主要以加法和減法組成的簡單算式，例如：

> 資產 - 負債 = 資本
> 收益 - 成本 = 利潤

　　雖然這兩個公式非常簡單，但就能掌握企業擁有的資本、賺了多少錢和剩下多少利潤。無論是小規模的一人公司或資本數百兆的大企業都適用，也可以當作基礎，設定目標，在編列預算後，找出經營上的問題。

　　若以個人為出發點，稍微修改公式，就能成為我發明的「富人公式」。為了不讓你排斥學習，我要先說明，這個公式不難、算式簡單，而且威力強大。

　　我原本是一名「高所得奴隸」的會計師，後來成為「低所得富人」，祕訣在於領悟了富人公式，並確切執行。從現在開始，只要按部就班學習與實踐，我敢保證你往後的人生一定會發生巨大的變化。

第 2 章

富人公式①
檢視自己的財務狀況

◆ 你擁有多少財產呢？

「你擁有多少資產？是以千萬元為單位？還是以億元為單位？」我在教課時，經常會被問到這一類的問題。

通常，我只用嘴型回答，沒有出聲，不過還是有很多人看得懂。

「我進入職場才第 1 年，幾乎沒有什麼資產。」

「我的資產相當於一棟房子。銀行有存款，也有股票，差不多就是這樣。」

請你先闔上書思考一下，現在沒在上課，旁邊應該沒人，認真計算自己究竟有多少資產？

計算好後，寫在下頁的空白處或筆記本上，最重要的關鍵就是「寫下來」。一般人之所以會瘦身失敗、沒減肥成功，不是因為「不懂方法」，而是敗在沒有真正執行。讀完本書後，如果還是無法成為有錢人，不是因為無法理解內容，而是未能

身體力行，所以試著寫下自己的資產吧。

你認為自己目前有多少資產？　＿＿＿＿＿＿＿

　　如果寫好了，我要提出另一個問題，也是我在授課時會提出的問題：「你的資本是多少？」

你認為自己目前有多少資本？　＿＿＿＿＿＿＿

　　是否能理解「資產」與「資本」之間的差異？很多人看見第二問題時，都會出現以下的反應：

　　「嗯？那是什麼意思？不是相同的問題嗎？」

　　或修改第一題的答案。

　　「哦，資產嗎？」

◇ 判斷財富的標準不是資產，而是資本

　　企業會計以資產負債表（balance sheet）或財務狀況表*的方式區分資產與資本，算式如下：

> 資產 = 負債 + 資本

假設你想買一間價值 5 億韓元（約新台幣 1,250 萬元）的公寓，但你身上只有 3 億韓元（約新台幣 750 萬元），於是向銀行貸款 2 億韓元（約新台幣 500 萬元），那麼你持有的 5 億韓元公寓（資產），是由貸款 2 億韓元（負債）與你擁有的 3 億韓元（資本）組成的。

因此當有人問你擁有多少資產時，應該回答 5 億韓元；當有人問你擁有多少資本時，則該回答扣除負債的 3 億韓元。

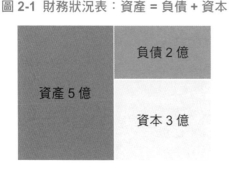

圖 2-1 財務狀況表：資產 = 負債 + 資本

資產 5 億

負債 2 億

資本 3 億

---

* 標示資產、負債、資本的財務報表，大多都稱為「資產負債表」，但本書稱為「財務狀況表」。

日常生活中，我們通常會問有多少「財產」，而不會問有多少「資產」或「資本」。財產在字典上的意思是「有價貨幣或資產」，比較接近「資產」（從法律來看，包含積極財產──資產、消極財產──負債）。

當我們談論某人的財富時，都會這樣描述：「他有兩棟房子。」

但真正的有錢人不是資產多的人，而是資本多的人。就算有兩棟房子，但若是用貸款購買的，一旦房價下跌，無法償還貸款，就無法稱得上是有錢人。

判斷「財富」不是以資產為標準，而是「資本」。

不過，「資本」一詞普遍用來描述「做生意或創業所需要的本金」，字典上的解釋也是如此，也就是所謂的種子基金*。

站在企業的立場，由股東投資募集的資金扮演種子基金的作用，可稱作資本；但站在個人的立場，表達「自己擁有的財產」時，使用資本一詞實在不合理。因此我決定使用「淨資產」或「資產淨額」代替資本一詞。在企業會計中，也會使用淨資產代替資本，意思是「總資產扣除負債後的淨額」。

---

* 創業或研發所需的資金。

◇ 富人公式 1：資產 - 負債 = 資產淨額

企業會計的財務狀況表，有兩種算式：

$$資產 = 負債 + 資本 ①$$
$$資產 - 負債 = 資本 ②$$

從數學的角度，這兩個算式是相同的，但解釋卻不同。算式①主要運用在成立公司時，反映籌措公司所需的資金，以及自己的錢（資本）加上別人的錢（負債）。

算式②則反映公司的營運結果，站在投資人的立場，從整體資產中扣除負債後，計算出自己目前持有的部分。

我認為在投資時，算式①也能派上用場，像是購買價值 5 億韓元的公寓，能掌握投入的金額與銀行的貸款金額；反之，若想了解自己擁有的資產淨額，則要知道目前公寓的市價，再扣除貸款金額。因此可以把算式②的資本改成「資產淨額」，就會形成以下公式：

$$資產 - 負債 = 資產淨額$$

這是第一個富人公式。

◆ 一開始就出錯的理財計畫

許多人在制定理財計畫時，一開始就出錯，這類人的理財目標如下：

- **6 個月存 1,000 萬韓元（約新台幣 25 萬元）**
- **5 年內，募集到 1 億韓元（約新台幣 250 萬元）的種子基金**
- **買房、買車、存到現金 10 億韓元（約新台幣 2,500 萬元）**

逛書店時，經常可以看到類似的書名或目錄。這一類的理財目標之所以令人感到無力，是因為都是站在資產觀點設定的目標，而忽略了負債的部分，使得執行上衍生出許多問題。

舉例來說，為了 5 年內存到 1 億韓元，有人會開始儲蓄，存下剩餘的錢，由於很難存到錢，便強迫自己儲蓄，決定省吃儉用。如果錢不夠，最後就會刷卡分期付款或用現金卡。完全沒考慮清楚自己的狀況，盲目存錢，就和連水都不喝，盲目節食的瘦身計畫沒兩樣。雖然心態值得稱讚，但很難達標。

在零債務的情況下，買房、買車、存到 10 億韓元現金的目標也是一樣。有多少人買房完全付現，不貸款呢？執著於存錢買房一次付清的目標，隨著時間過去，往往會錯失買房的時機。房價上漲的速度比存錢的速度快，慢慢存錢只會換來後悔，我父母經常說：「當時應該貸款買下澡堂前的那塊地……」

　　理財的標準與目標不是資產，而是資本，也就是資產淨額。如果目標單純想增加資產，只要向第二金融圈＊貸款即可。利用股票融資（stock loan）可以讓投資股票的資產增加好幾倍，但應該以扣除負債的資產淨額為標準設立目標，因此必須掌握目前的資產淨額。

　　舉例來說，假設你目前的資產是 6,000 萬韓元（約新台幣 150 萬元），負債 2,000 萬韓元（約新台幣 50 萬元），如果 5 年後，想創造 1 億韓元的資產淨額，1 年要存多少錢？

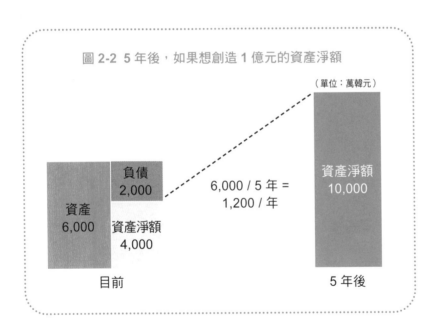

圖 2-2　5 年後，如果想創造 1 億元的資產淨額

如同圖 2-2，目前的資產淨額是 4,000 萬韓元（約新台幣 100 萬元），必須增加 6,000 萬韓元才能達到 1 億韓元的目標，由於時間是 5 年，因此 1 年要存 1,200 萬韓元（約新台幣 30 萬元）。

假設你的平均年薪是 3,000 萬韓元（約新台幣 75 萬元），一個月可支出的預算是多少？如果 1 年想存到 1,200 萬韓元，一個月就該存 100 萬韓元（約新台幣 25,000 元），平均月薪是 250 萬韓元（約新台幣 62,500 元），可使用的錢是 150 萬韓元（約新台幣 37,500 元）。那麼，該如何靠 150 萬韓元維持一個月的生活，從必要支出的項目開始分配預算，是理財的第一階段。

之後每個月都要確認資產與負債，了解資產淨額是否有依照計畫每月增加 100 萬韓元，同時修改目標或計畫。舉例來說，執行計畫 3 個月後，資產與負債的差額——資產淨額應該是 4,300 萬韓元（約新台幣 1,075,000 元）。假設資產淨額提早達到 4,350 萬韓元（約新台幣 1,087,500 元），就能比較寬裕；反之，若計畫落後，就要稍微拮据過日子。

◆ 先掌握資產淨額有多少

資產扣除負債，才是資產淨額，多數人都知道，如果貨款 8 成買了一棟房子，那麼貸款的部分就不能算是資產，但重要

的是，不能只知道概念，更要活用於生活中。

　　實際上，了解自己的資產與負債的人屈指可數，有記錄資產與負債的人更是寥寥無幾，我會提出一個問題：「跟 1 年前相比，你的資產淨額增加了多少？每個月的資產淨額增加多少？」

　　就算有制定理財計畫，平常都在管理金錢的人，大概也很難立刻回答。即使知道每個月的薪水數字，但仍不清楚資產淨額增加多少。也有許多經營店鋪的自營商知道每月的營業額，但不清楚扣除各種成本後的淨利，只把材料費、人事費、租金視為開銷，但扣除折舊成本或稅金後，盈利幾乎所剩無幾，就會變成「帳面上賺錢，實際上虧錢」的生意。

　　如果公司老闆很清楚自己公司的營業額，卻不清楚扣除成本後的淨利，那會怎麼樣呢？不清楚每月獲利的公司能經營得好嗎？這種在企業界難以想像的事，在個人的日常生活中卻經常可見。這是因為個人不具備會計系統，所以沒有系統化的方法可以記錄。

致富
練習

算出自己的資產淨額

我曾無意間觀看一部有趣的電影，看得目不轉睛，後來我才終於想到自己在電影院看過這部片！

當下認為很有趣的電影，但幾年後就忘得一乾二淨，也表示只讀過或看過一次方法絕對無法完全吸收，唯有親自實踐後，才能真正內化。

掌握與記錄自己的資產淨額並不困難。在接下來的致富練習中記錄你的資產內容，並寫下金額；負債也一樣。這些表格會幫你完成富人公式。

成為富人的方法不難，就難在有沒有跟著執行，但一般人都嫌麻煩。閱讀與理解很容易，你大概會懷疑這真的是成為富人的祕訣嗎？不過，實際身體力行後，就會明白知易行難。看似平凡的事，開始執行時，會遇到各種棘手的問題。每個人遇到的問題不一樣，大致上會有以下煩惱：

「這也是資產嗎？」

「金額該寫多少？」

企業會計也必須思考「認知」與「評估」的問題。

總之，唯有突破困境才能有所領悟。可以填寫下表，也能另外製作 Excel 表，但不要拖延，請立刻執行。

◇◇◇◇◇◇◇◇◇◇◇◇◇◇◇◇◇◇　致富練習 1　◇◇◇◇◇◇◇◇◇◇◇◇◇◇◇◇◇◇

資產	
項目	**金額**
合計	

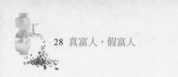

◇◇◇◇◇◇◇◇◇◇◇◇◇◇◇◇◇◇ **致富練習 2** ◇◇◇◇◇◇◇◇◇◇◇◇◇◇◇◇◇◇

負債	
項目	金額
合計	

◇◇◇◇◇◇◇◇◇◇◇◇◇◇◇◇◇◇ **致富練習 3** ◇◇◇◇◇◇◇◇◇◇◇◇◇◇◇◇◇◇

資產淨額	
資產	
負債	
資產淨額（資產 - 負債）	

◈ 親自執行才會發現問題

親手製作自己的財務狀況表，可以對自己的財務狀況一目了然。如果花費的時間比預期中的還要多，或製作表格時遇到困難，需要傷腦筋都是正常的。

定期記錄存款餘額比較容易，難的是確認資產金額，像是「車子是多少錢？」

一般來說，上班族最昂貴的兩項資產是房子與車子。就算知道資產項目要填寫車子，但金額要寫多少？當初用 2,000 萬韓元（約新台幣 50 萬元）買下的汽車，現在也是價值 2,000 萬韓元嗎？

如果沒車，就不需要煩惱。再看下一個問題：「保險是資產嗎？」

大部分的人至少都會購買一張保險，就算沒有投保任何保險，至少也有繳交國民年金。這些算是資產嗎？雖然保險費是支出，但預期能獲得的保險金不算資產嗎？如果要視為資產，該寫多少？要寫繳納的金額、滿期時領回的金額，還是解約時能領到的退還金呢？

每個月繳納的保險到底是什麼？很多人都不知道保險是不是資產，卻還是每個月繳錢。

其他問題則因人而異，例如有人的資產項目列出收藏品，像是偶像的紀念品、古董或限定版運動鞋，這些該視為資產嗎？價值該怎麼評估？

　　這就是為什麼會建議大家親自記錄，因為只有親自記錄資產的人，才能找出我沒提及的部分，也能在過程中找到自己專屬的方法。現在你該尋找的不是「作者成為富人的方法」，而是「讓自己成為富人的方法」。我的方法只是參考，如果不親自嘗試，就無法自己搞懂，也無法找到解決之道。

　　對自己的財務提出疑問，找出問題的解決方法，就是掌握主導權的過程。因為對財務不清楚才會擔心，所以先了解基本的衡量方法，釐清狀況，保險的問題之後再談。

◇ 目前財務狀況的評估標準

　　前文提出的疑問都沒有標準答案，但制定企業財務狀況表時，就有所謂的「會計標準」，企業也一定要遵循。

　　會計標準不是只有一種，或許有人會問為什麼有那麼多標準呢？但實際上標準相當多樣化，韓國企業採用的標準大致上分為三種 *。

- 韓國國際財務報導準則（K-IFRS）
- 一般企業會計準則
- 小型企業會計準則

---

* 台灣企業財報編製採《國際財務報導準則》。

各標準適用的對象不同，上市公司須依照《國際財務報導準則》（K-IFRS）；非上市公司則是套用一般企業會計準則即可；規模小，不會受到外部審計（external audit）※的企業則是遵循小型企業會計準則。

若想向銀行借錢或募資，就必須公布財務報表，因此需要採用統一的標準。

如果每間公司的財務報表格式都不一樣，銀行會難以判斷財務狀況，公司也不容易貸款。

不過個人沒有製作財務報表的義務、也沒有製作的標準，沒有要讓別人評估，主要是為了掌握與確認自己目前的財務狀況，不是為了炫耀，也不必擔心財務報表被看見。

沒有既定的標準，就表示不受限制，可以按照自己的想法製作財報，但對多數人來說，反而讓他們不知道該從何開始著手，希望汽車金額、保險費都有既定的規則。

美國電影《刺激 1995》（*The Shawshank Redemption*）中的角色布魯克斯，他服刑五十年後終於獲得假釋，雖然他獲得了自由，但他卻不知道該如何享受這份自由而備感煎熬，最後選擇自殺。一個服刑四十年後獲得假釋的角色瑞德則說：「在監獄上廁所都需要請示，我已經請示了四十年，如今不請示的話，連一滴尿都尿不來。」

由於個人的財務報表沒有標準，因此可以自由發揮。但怕

※ 獨立會計師針對公司編製的財務報表進行查核。

你毫無頭緒，所以我會示範幾個選項，對比較喜歡從選項中挑答案的人會有幫助。如果有更具創意或更適當的項目，當然也很好。

◆ 衡量資產金額的三種方法

製作個人財報時，可以參考企業的標準，畢竟企業也會買車和保險。企業衡量資產的標準有三種（〈財務報導之觀念架構〉中出現許多衡量標準，但實際上使用的是三種）。以汽車為例：

3 年前，以 2,000 萬韓元買了一輛汽車，預計開 5 年後換車，2年後要轉售，中古二手車的價格約 1,300 萬韓元，2 年後應該能賣 1,000 萬韓元左右。

① 歷史成本
歷史成本（Historical Cost, HC）是指當下購買的價格，以汽車為例，當初購買的成本是 2,000 萬韓元，由於之前已經付

過錢了，因此無論經過多久，歷史成本都不會受到影響 [*]。

② 公允價值

公允價值（Fair Value, FV）[**] 在這裡可先簡單理解為「市價」。繼續以汽車為例，目前二手車市場的價格 1,300 萬韓元即是公允價值，此價格可能上漲也可能下跌。估價時，都必須重新評估。

③ 攤銷後成本

相較於歷史成本或公允價值，攤銷後成本（Amortised Cost, AC）是比較不好理解的概念。攤銷有「分攤減損」的意思，指分攤、減損原資產的價值。

以年利率 10％的定期存款為例，3 年期的整筆定存不像分期定存需要每個月存錢，但 3 年後，可領回利息和本金。如果定期存款存了 100 萬元，1 年後存款的價值是多少？

100 萬元加上 10％利息是 110 萬元；2 年後是 120 萬元。如果是以複利的方式計息，2 年後的金額是 121 萬元（110 萬元加利息 11 萬元）。無論是單利或複利，都會依照利率增加金額，因此想算 1 年後的價值，可將 3 年期的價值按攤銷後成本衡量。

---

[*] 學術上並非如此，此處為了讓讀者容易理解，採簡單說明。

[**] 公允價值是在正常交易下，市場參與者間衡量日出售資產所收取或移轉負債所支付的價格。

試著把攤銷後成本套用在汽車的案例上，雖然目前二手車市場的價格是 1,300 萬韓元，但若沒有要立刻出售，此價格就不具任何意義。如果是 5 年後才要換車，則 5 年後的市價更重要。

2,000 萬韓元入手的汽車，預計 5 年後能賣出 1,000 萬韓元，因此只要視為每年價值會減少 200 萬韓元即可，也就是汽車 1 年後的價格是 1,800 萬韓元，2 年後是 1,600 萬韓元，3 年後是 1,400 萬韓元。

這就是所謂的攤銷後成本。在會計中，因價值降低而減損的成本，就稱為「折舊費」（depreciation cost），在該案例中，第三年的 1,400 萬韓元就是攤銷成本。

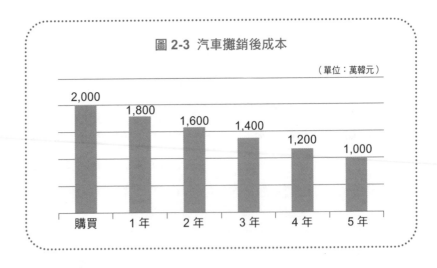

圖 2-3 汽車攤銷後成本

（單位：萬韓元）

　　這輛汽車可以有三項估值標準。接下來，我會省略正式用語，改用簡單的說法：成本、市價、攤銷。

表 2-1　案例中汽車的三項金額

（單位：萬韓元）

標準	成本（HC）	市價（FV）	攤銷（AC）
金額	2,000	1,300	1,400

▽ 如何採用哪種估值標準？

　　該使用哪一項估價標準：成本（HC）、市價（FV）、攤銷（AC）？這取決於個人的選擇。如果買車的目的不是要開，而是要蒐集，細心保管 50 年後以展示品售出，HC 可能是適合的估值標準。

　　如果需要出售變現，使用 FV 評估應該會比較好；對多數人來說，汽車會長期使用，到了預定的時間就更換，此時使用 AC 比較恰當。實際上，企業會計標準也常運用 AC 或 FV。

　　雖然前述是以汽車為例，但其他資產也能套用這三項估值標準。如果是土地，可依照 HC 或 FV 評估。

　　一般來說，土地的價值不會減少，不適用 AC；股票依照 FV 雖然比較合理，但如果是未上市股票，難以取得 FV，因此必須使用 HC 或 AC 估值，例如這檔股票每年至少成長 10％。

　　根據情況不同，也能製作自己專屬的估值方法。舉例來說，假設車子開了 5 年，預計在二手市價不錯的時間點售出。此時，比較每年的 AC 與該時期的 FV，評估後最高的金額就是比較合理的價格，評估方法見表 2-2：

表 2-2 比較攤銷成本與市價的估值

（單位：萬韓元）

區分	1 年車	2 年車	3 年車	4 年車	5 年車
攤銷成本	1,800	1,600	1,400	1,200	1,000
市價	1,750	1,650	1,300	1,250	1,100
評估額	1,800	1,650	1,400	1,250	1,100

　　自己決定標準就行。不過，實際評估汽車時，我通常使用其他方法，而不是前述的方法，我會在後文詳細說明。

✔ 寫下來才更清楚明白

　　如果你的朋友用信用卡在 ATM 領了 100 萬元，這是年利率 12％的預借現金服務。當你問對方為何要用高利率的信用卡預借現金，朋友回答是為了繳這個月的分期定存，但為了賺 2％的利息，借了需要繳 12％利息的錢，有人會這樣做嗎？

　　不過，實際上真的有，而且還非常多。我見過很多這樣的

人，相信很多人都會犯下這種錯，我自己以前也是。

　　大概不會真的有人為了定存去預借現金，但若是因為錢都拿去存了，生活費不夠只好使用現金卡，卻還自以為很努力存錢，這不也是同樣道理嗎？不過，若是依照富人公式掌握自己的資產與負債，那就另當別論了。

　　多數人的資產應該都有存款和負債。

表 2-3　個人的財務狀況表範例

資產內容		負債內容	
現金	×××	貸款	×××
存款	×××	卡費	×××
定存	×××	⋮	
全稅保證金（租屋保證金）	×××		
汽車	×××	資產淨額	
⋮			×××

　　表 2-3 左欄的資產應該為右欄負債的花費，或許你會使用利率 12％ 的預借現金服務買衣服，不是會用來付 2％ 利息的分期定存。

　　如果用定存的錢買衣服，雖然無法獲得 2％ 的利息，但也不需要支付 12％ 的利息；如果用現金卡消費等於你付出 12％的費用，同時也失去了 2％ 的利率。

　　你的資產清單是否包含定存或存款，負債是否包含卡費或

貸款？那麼你就和使用現金卡定存的人沒有兩樣。

當理財不是以設定資產淨額為出發點，而是以資產為標準，設定「5年內要存到1億元」，就會衍生出問題。無論如何都要達成目標，依照計畫每月存錢，當生活費不夠用時，就會依賴信用卡或現金卡⋯⋯這就是問題所在。

在親自記錄與比較自己的財務狀況之前，很少人能明白這項事實，我也是如此。在取得會計師證照，我進入會計事務所工作，待了一段時間後，才去當兵。

領到會計師證照後，我看見A銀行的商品廣告，於是向銀行提出申請信貸和信用卡，行員立刻幫我辦理。由於公司的薪資帳戶是B銀行，因此薪資轉入B銀行帳戶，但卡費都是從A銀行扣款，手機或各種公共事業費用也會從A帳戶扣款。當A帳戶的欠款金額增加時，就從B帳戶轉帳支付。

入伍後，當兵的薪水只能使用郵局的帳戶，於是我又開設郵局帳戶。相較於會計事務所的月薪，當兵的薪水等於一天晚上的加班費，但我不想把錢花掉，因為不想讓自己一個月的辛苦瞬間消失。

服役期間領到的薪水，我都原封不動存在郵局，在軍營福利社或放假的花費都是刷卡，貸款累積在A帳戶。在軍中無法使用網路銀行，部隊裡也沒有銀行，會計事務所領到的薪水一直存在B銀行。

隨著晉升中士，距離退役越來越近，放假與外出的頻率越來越高，我開始消費，買了手機、新電腦。當時，我還沒有穩

定的薪水，一次付清的壓力太大，但想到幾個月後退伍重回公司上班就能領薪水，我便使用分期付款，那時我的財務狀況表如表 2-4。

　　當兵 2 年期間，我的負債已經超過薪轉帳戶裡的資產。我還盲目認為，自己只要再回到會計事務所工作，就不需要擔心錢的問題。

表 2-4 退役時的財務狀態

資產	負債
B 銀行薪轉帳戶	A 銀行信貸
郵局薪轉帳戶	卡費

　　幾年後，我突然有一個想法：「奇怪，我的薪水到底都花去哪了？」

致富
練習

記錄資產與負債的利率

　　記錄資產、負債的利率，比較資產的報酬率與負債的利率。在表格中填入報酬率低的前 5 項資產，負債從利率高的開始填入。

◇◇◇◇◇◇◇◇◇◇◇◇◇◇◇◇ **致富練習 4** ◇◇◇◇◇◇◇◇◇◇◇◇◇◇◇◇

資產			負債		
項目	報酬率	金額	項目	利率	金額

　　比較左右的項目，要不要以報酬率低的資產清償利率高的負債呢？

第3章

富人公式②：
設定明確的理財目標

▽ 記錄所有支出的難題

　　企業會計教的第二個公式是「損益表」（income statement）：「收入 - 支出 = 利潤」，資產淨額也會依照利潤而增加。舉例來說，月薪是 300 萬韓元，如果支出 200 萬韓元，這個月的「淨利」（net income）就是 100 萬韓元。

　　月初的資產淨額如果是 4,000 萬韓元，月底的資產淨額會增加 100 萬韓元，變成 4,100 萬韓元，這就是財務狀況表和損益表的結構。

　　如果控制好收入與支出，就能有利潤，加上原本的資產淨額後，資產淨額就會增加。但這種方式運用在個人財務報表，檢驗理財目標會有很大的問題，那就是每天都必須記錄支出。

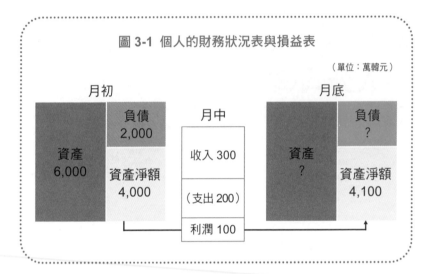

圖 3-1 個人的財務狀況表與損益表

（單位：萬韓元）

月初

| 資產 6,000 | 負債 2,000 |
| | 資產淨額 4,000 |

月中

| 收入 300 |
| （支出 200） |
| 利潤 100 |

月底

| 資產 ? | 負債 ? |
| | 資產淨額 4,100 |

　　上班族只要在領薪水當天記錄收入即可，但每天都會有支出。許多理財書都主張每天記帳，但我不建議這麼做，因為連我也無法每天確實記帳。

　　雖然每天記錄支出的習慣很令人敬佩，但我不想效仿，我寧願把記帳的時間拿來閱讀或陪小孩。

　　我也曾想過要每天記帳，但認為毫無效率可言，後來改成一個月記一次。不過，實際執行後會發現，連一個月一次也不容易。

　　首先，查看多張信用卡的交易明細，但因為每間銀行的格式不同，必須要再統一。

　　另外，信用卡的當月消費是下個月才付款，雖然很方便，但付款日與消費日不一樣，因此還要對照明細後記錄支出。舉例來說，上個月 16 日到當月 15 日為止的消費金額如果是當月

25 日付款，那當月 16 日到月底的消費則應分類為負債。

　　就算統一付款日，每間公司的結帳日都不一樣，如果加上婚喪喜慶的現金支出，記帳時會覺得很麻煩。

　　每個月至少要花半天以上的時間才能完成損益表，還會出現一些用途不詳的費用，或者消費金額與付款金額不符的狀況，也就是所謂的「雜項支出」。且忙碌時，還會有三、四個月都沒記錄的停擺期，因此要記錄全部的支出，絕對不是一件容易的事。

◈ 替代每日記帳的好方法

　　如果能定期記帳最好，回顧支出內容，對計畫性消費也一定有幫助。不過，記帳就和寫作業一樣討厭。

　　我是會計師，對數字很敏銳，如果數字不正確，沒辦法視而不見，因此，讓我每月記帳都非常辛苦，後來我找到替代方案，那就是不記錄支出內容。那該如何完成記帳？

　　我們的目標不是製作完美的記帳明細，而是成為真富人！記帳只是工具，不是目標，依照富人的標準設定目標，再檢查自己的資產淨額是否有增加。

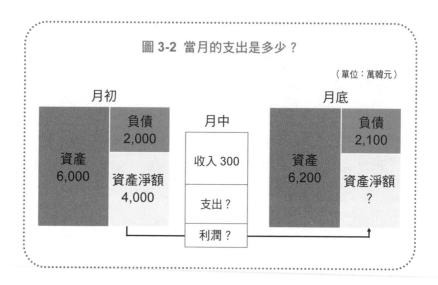

圖 3-2 當月的支出是多少？

（單位：萬韓元）

月初　　　　　　　　月中　　　　　　月底

負債 2,000

資產 6,000

收入 300

資產淨額 4,000

支出？

利潤？

負債 2,100

資產 6,200

資產淨額 ？

　　圖 3-2 月底的資產與負債餘額是 6,200 萬韓元與 2,100 萬韓元，雖然不清楚為什麼資產與負債都增加了，但資產淨額變成 4,100 萬韓元（6,200 萬 - 2,100 萬）。上個月的資產淨額是 4,000 萬韓元，這個月的利潤就是 100 萬韓元。

　　如果我的月薪是 300 萬韓元，一個月的支出是多少呢？

收入 300 萬韓元 - 支出 = 利潤 100 萬韓元
支出 = 200 萬韓元

　　最後得知這個月的支出是 200 萬韓元，我每個月只會像這樣確認一次資產與負債的餘額。

　　把全部的支出明細整理好需要花費半天的時間，但確認資

產與負債餘額只需要幾分鐘。使用理財 APP，就能同時查詢多個帳戶的餘額和卡費。

　　查詢資產淨額後，只要比較上個月底，就能知道這個月的資產淨額增加了多少。所得扣除資產淨額的增加金額，就是這個月的支出金額。

▽ 富人公式 2：資產淨額 − 資產淨額 ＝ 利潤

　　這就是第二個富人公式：

> 資產淨額 − 資產淨額 ＝ 利潤

　　以數學來說，這是無法成立的。正確的公式如下：

> 這個月的資產淨額 − 上個月的資產淨額 ＝ 這個月的利潤

　　算出這個月的利潤後，透過下列公式，就能算出這個月的支出金額：

> 這個月的所得 − 這個月的利潤 ＝ 這個月的支出

致富
練習

計算資產淨額的增減

　　之前記錄了當下的資產與負債，現在改成記錄上個月底與前兩個月底的資產與負債。

　　為了方便記錄，在表格中標示了當月底與上月底，假設你閱讀本書的時間是 8 月 11 日，7 月底是當月的月底、6 月底是上月底。記錄兩個月的資產與負債後，資產淨額是增加或減少了多少，當月所得扣除算出來的資產淨額後，就是一個月的支出金額。

◇◇◇◇◇◇◇◇◇◇◇◇◇◇◇◇　**致富練習 5**　◇◇◇◇◇◇◇◇◇◇◇◇◇◇◇◇

資產		
項目	當月月底	上個月月底

資產		
項目	當月月底	上個月月底
合計		

◇◇◇◇◇◇◇◇◇◇◇◇◇◇ 致富練習 6 ◇◇◇◇◇◇◇◇◇◇◇◇◇◇

負債		
項目	當月月底	上個月月底
合計		

◇◇◇◇◇◇◇◇◇◇◇◇◇◇◇◇◇　**致富練習 7**　◇◇◇◇◇◇◇◇◇◇◇◇◇◇◇◇◇

資產淨額		
項目	當月月底	上個月月底
資產		
負債		
資產淨額 （資產 - 負債）		

◇◇◇◇◇◇◇◇◇◇◇◇◇◇◇◇◇　**致富練習 8**　◇◇◇◇◇◇◇◇◇◇◇◇◇◇◇◇◇

損益估算	
A. 當月底資產淨額	
B. 上月的資產淨額	
C. 資產淨額增減額（A - B）	
D. 當月所得	
E. 當月支出額（D - C）	

　　以資產淨額增減為標準，計算支出的結果，如果和預期差不多，那就太好了。如果和預期有出入，需要查看支出明細。每個月都記錄得太仔細容易讓人放棄，但運用此方法，當有疑問再確認，反而簡單有效。確認刷卡金額、存摺轉帳明細、現金消費金額等，分類後，再檢查是否有超出預期的支出。

◇ 管理財富的先決條件：記錄和檢視

在邁向富人的道路上，會計是負責引導我們的衛星導航。第 1 階段是確認目前的位置；第 2 階段是輸入目的地，設定未來的資產淨額目標。確認目前的資產淨額後，每個月確認自己是否有順利向前邁進，這就是理財的基本要件。

有人連這種基礎都沒有的狀態下，就提出這種問題：「要買什麼標的、該投資什麼？」

就像沒有目的地，也不知道目前位置的狀態下，握住方向盤說：「所以要左轉、直走，還是右轉？哪一條路比較快？」

很少人因為只買入一項金融商品、挑對投資標的而成為富人。大多數的富人都是有明確的目標，也清楚自己掌握的財富。

或許有些富人財產增加速度太快，連自己擁有多少財富都不清楚，但不是一般人能到達的境界。如果有，通常是因為運氣一夕暴富，最終也沒能守住財產。

若想妥善管理財產，先決條件是記錄與檢視。現代管理學之父彼得・杜拉克（Peter Drucker）曾說：「**沒有檢視，就無法管理；沒有管理，就無法改善。**」

不只是企業，如果不檢視自己的財富，就無法管理；無法管理，當然無法改善財務狀況。

▽ 理財目標必須有具體的金額

透過記錄資產淨額，確認自身目前財務狀況。一個月一次定期記錄，檢查與管理自己資產淨額的變化，接下來設定目的地，也就是未來的資產淨額目標。

理財的目標，最好設定一個具體的金額，不要設定「10 年內買房」這類籠統的目標，應該以多少錢的房子為目標。很多人把買房當作目標，但連市區一間公寓市價多少、必須擁有多少錢才能購屋都不清楚。

想住哪一區？想買哪一種類型的房子，公寓還是透天厝？目前市價約多少？打算怎麼籌備資金？要不要貸款？若要貸款，要貸多少錢？

就讀國中時，每當放假，父母會把我送到首爾的親戚家，拜託親戚帶我參觀首爾的大學。當時父母的用意是，希望我能親自看看將來想就讀的學校，讓我培養夢想。親自參觀大學後，目標會變得更明確。

設定理財目標也是一樣。參加前輩的喬遷宴會、受邀到上司家時，我都會好奇「想買這樣的房子，需要多少財富呢？」此時，我會到網路上搜尋不動產資訊，就能輕鬆掌握具體市價，還能知道貸款額度與利率等資訊。

目標可以分階段設定，不只有設一個，見表 3-1 的範例，或像國家發展計畫一樣，以 5 年為單位設定計畫，總之目標必須是具體的數值。

表 3-1 設定目標期限範例

階段	期間	資產淨額目標
長期	20 年	10 億元
中期	10 年	5 億元
短期	5 年	2 億元

致富
練習

比較「資產淨額目標」與 「實際資產淨額」

　　若設定好未來資產淨額的目標，就可以比較目標與目前的資產淨額。將差額按月分期後，能算出每個月資產淨額的增加目標。

◇◇◇◇◇◇◇◇◇◇◇◇◇◇◇◇　**致富練習 9**　◇◇◇◇◇◇◇◇◇◇◇◇◇◇◇◇

階段	範例	填寫
A. 資產淨額目標	100,000,000	
B. 目前的資產淨額	60,000,000	
C. 目標資產淨額增加額（A - B）	40,000,000	
D. 達成期間	60 個月	
E. 每月目標資產淨額增加額（C÷D）	666,667	

　　從現在開始，每個月記錄一次資產與負債，算出資產淨額後，和目標額比較，記錄兩者的差額。利用 Excel 進行記錄。

◇◇◇◇◇◇◇◇◇◇◇◇◇◇◇ **致富練習 10** ◇◇◇◇◇◇◇◇◇◇◇◇◇◇◇

階段	××年1月	××年2月	××年3月	××年4月	××年5月
資產	60,000,000	60,120,000	60,560,000	60,720,000	60,620,000
負債	20,000,000	19,600,000	19,100,000	18,600,000	18,000,000
資產淨額	40,000,000	40,520,000	41,460,000	42,120,000	42,620,000
目標	40,000,000	40,666,667	41,333,333	42,000,000	42,666,667
差額	0	(-)146,667	(+)126,667	(+)120,000	(-)46,667

⫷ 個人理財也有基本流程

企業管理的基本流程是：計畫（Plan）→執行（Do）→檢視（See）。記帳也需要這個流程，設定資產淨額後（Plan），持續每月記錄（Do），再進行檢視（See）。

每個月都要檢視一次，才能知道當初設定的目標是否順利進行。

如果實際資產淨額比目標資產淨額大，能稍微放鬆，享受小小的奢侈；若情況相反，需要檢查支出，找出能再節省的開銷。如果還是無法縮小與目標之間的差距，需要尋找其他方案，例如修改目標或制定能增加額外收入的計畫。

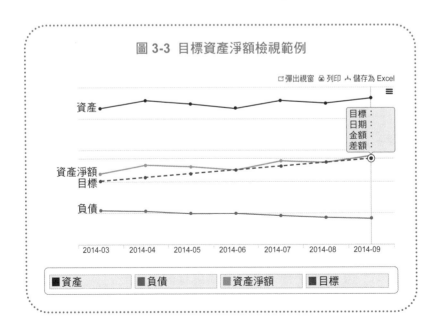

圖 3-3 目標資產淨額檢視範例

圖 3-3 是我記錄目標的範例，我的目標是設定「如果每個月都能收取這個金額的租金，往後就不需要擔心生計問題」，我登錄不動產資訊網，開始尋找符合我需求的商家或建築物，確定價格後，同時掌握了貸款額度與利率。

由於貸款必須負擔利息，因此找到「租金 - 貸款利息」後符合需求的物件，再計算出淨投資金額，把此金額設定為資產淨額目標。

我每個月底都會確認資產淨額，如果稍微超過目標，手頭就會比較寬裕；如果低於目標，就會檢查支出項目，找出原因並制定解決方法。

❖ 伴侶共同理財的好處

如果有配偶的話，建議一起閱讀本書，共同討論目標。雖然討論的過程中可能會發生爭執，但這也是理財中不可或缺的一環。

如果兩人的財產是共同持有，需要設定共同目標，一個月檢視一次；如果財產是各自管理，建議彼此分享各自的目標，並一起定期檢視。

伴侶的共同目標是什麼？為了設定目標，必須先提出這個問題：「10 年後或 20 年後，想過怎樣的生活？」

若有計畫生小孩，能以有小孩的生活優先計畫，家庭成員

人數對許多方面都會造成影響。朴尚勳和金懿秀合著的《不擔心錢的新婚夫妻》一書中，作者主張「比起創造 10 億，10 年後的展望更重要」，如果是新婚或準備結婚的人一起設定目標，能有效避免為錢而吵。

如果描繪好彼此想要的生活型態，可以計算實現目標需要多少資產淨額。資產淨額目標扣除目前的資產淨額後，再規畫達成階段，就能知道每月應增加多少錢。

如果月薪固定的上班族，在預期薪資中扣除每月應增加的目標金額後，就是支出預算，無論如何都不能超出預算，這樣才能達成想要的目標。

也有可能出現意料之外的事，假設兩人為了實現目標，每月的資產淨額必須增加 1,000 萬韓元，但伴侶兩人合計的所得只有 500 萬韓元，幾乎是遙不可及的目標，因此必須接受現實更改目標（金額或期間），或找到能增加收入的方法。如果設定的目標很大，更應該降低支出，若毫無節制消費，很難成為富人。

美國物理學家愛因斯坦曾說：「什麼叫瘋子，就是重複做相同的事還期待會出現不同的結果。」

要立刻降低支出絕非容易的事，例如看見孩子吃餅乾吃得津津有味時，會認為「餅乾能花多少錢？幹麼省？」或想著「玩遊戲又不會花很多錢，連買個遊戲道具也要看人臉色嗎？」「別人都有好幾個名牌包，自己也要有一個，人生才有意義。」

由於人類只要消費，就會感到幸福；反之，抑制消費，人就會覺得不快樂，因此行銷和廣告人員利用這種心理，無時無刻都在誘惑人花錢。

當配偶提議要減少開銷時，聽起來就像在責備自己太奢侈了；提議要記帳時，就像被監視一樣，難免會想「你賺的錢有多到需要記帳嗎？」這樣想當然會起爭執。

有句話說：「愛不是彼此凝視，而是一起望向遠方。」伴侶談錢時，比起只重視彼此的財務狀況，不如一起看向遠方、擁有共同的目標更重要。不是要談論彼此的收入和開銷，而是共同規畫未來、決定 10 年後的目標，商討達成目標的方法，彼此為了共同目標努力，並感謝對方的付出。

在財務方面，我很感謝太太，特別是新婚時，她對我的體諒與接納，讓我銘記於心。我和太太結婚時，沒有買房，而是在 13 坪的租屋公寓展開新婚生活。雖然權狀上寫 13 坪，但實際坪數只有 11 坪左右。除了雙方家人，我們沒邀請其他人來家裡，因為房子太小了，無法容納太多人。

我們的收入不低，我在高年薪的會計事務所工作，太太也在不錯的公司上班，只要有心我們一定能找到不錯的房子。在首爾租一間比自己年薪低的全稅屋[*]，不是常見的事，通常會依照自己的年薪計算，當時租屋的保證金比我的年薪低，契約還

---

[*] 韓國的租屋制度。先付保證金，期滿後保證金退回，合約期間不必繳交任何租金，只需付水電費。

延長了 3 年。

多虧新婚時，太太能忍受這樣的生活，我們的資產淨額才能快速增加，雖然對新婚生活來說有些太殘酷，但或許是因為蜜月期的關係，我們才能順利撐過那段時期。

兩人一起節省開銷，如今家庭成員增加為四人，才能過著不虞匱乏的生活。**我們終於苦盡甘來，結束貧困的日子，漸入佳境。**

我們擁有一項祕訣，讓我們可以忍住物欲 —— 只要當下忍住，未來就能創造更好的結果。如果一個月省下 2 萬韓元（約新台幣 500 元），未來會變成 1,000 萬韓元。或許很多人會不以為然說：「2 萬韓元？省這麼一點錢能改變什麼？」但只要持之以恆，久而久之就會產生改變。

2017 年 2 月 7 日，韓國《每日經濟新聞》專欄中，有一篇文章：

送給姪子的千萬禮物，對我意義重大

今年新年，我教 19 個月大的兒子拜年*，因為兒子把在文化中心學的「前滾翻」搞混，所以一直往前翻，導致後腳跟踢到奶奶。家人覺得實在太可愛了，所以兒子的壓歲錢大豐收，我把這

---

* 韓國拜年時，是採前跪趴地的方式。

筆錢存到以兒子名義開戶的股票帳戶。

我也有給姪子和姪女壓歲錢，雖然不清楚他們之後會怎麼運用這筆錢。如果一次給 1,000 萬韓元當作紅包，取代每次見面時給的零用錢，會怎麼樣呢？目前大學註冊費平均是 650 萬韓元（約新台幣 16.25 萬元），等到我的姪子就讀大學時，註冊費大概會漲到 1,000 萬韓元。如果給姪子 1,000 萬韓元，讓他們補貼註冊費，或放假時出國旅行，我應該會成為他們眼中「最棒的叔叔」吧？

出生到大學的 20 年間，每個月要存多少錢才能存到 1,000 萬韓元？簡單計算 1 年必須存 50 萬韓元，每個月需要存將近 5 萬韓元。我有 4 個姪子，每個人 5 萬韓元的話，每個月就需要 20 萬韓元。或許我可以 1 年兩次大節日包紅包，當個「還不賴的叔叔」。

但如果透過投資，帶來「複利效應」會怎麼樣？銀行的 1% 利率讓人難以期待，不如透過投資股票，把公司債（corporate bond）的報酬率視為目標。

現在「BBB-」投資等級 * 的公司債報酬率是 8% 左右。如果每個月投資 4 萬韓元，年化報酬率維持 8%，20 年後約 2,290 萬韓元，遠遠超過目標 1,000 萬韓元。就算每個月只投資 2 萬韓元，也能累積到 1,145 萬韓元，如果報酬率降至 7%，也能累積到 1,020 萬韓元。

---

* 債券信用評級。「BBB」以上屬投資等級，違約風險較低；「BBB」以下屬非投資等級，即風險較高。

　　為了成為最棒的叔叔，希望姪子就讀大學時，我可以送他們1,000 萬韓元當作禮物，每個月如果只需投資 2 萬韓元，似乎值得一試。當然每個月 2 萬韓元也不是小錢，年化報酬率 7％也絕對不是能輕易達成的。不過，我認為，這是非常值得挑戰的投資。

　　根據我的經驗來看，這類的投資能讓我們成為最棒的叔叔，還有另一項好處，就是觀看企業與股票的角度也會不一樣。

　　那是必須投資 20 年的帳戶，必須以長遠的眼光檢視企業，長期關注企業的成長。由於一個月的投資金額只有 2 萬韓元，就算短期出現暴漲，報酬也不會大幅度增加，不過會開始長時間關注價值上升的標的，並預測市場的變化與企業的成長性，尋找有潛力的企業。

　　若要達成這類目標，必須透過營業報告（business report）確認營運模式（business model），分析財報的財務結構。真正的投資方法，不是一味靠投機取巧而是靠研究。與自己的其他帳戶比較長期報酬率後，就能驗證哪一類的投資獲利更多。

　　透過此方式，也能知道短期的動能（momentum）投資*與長期的價值投資，哪一種方式比較適合自己。建議你在成為帥氣叔叔的同時，也要挑戰成為一名睿智的投資者。

---

* 挑選持續上漲的強勢股買入。

第4章

重新檢視資產與負債

◆ 怎樣才算真正的資產？

你最有價值的兩項資產是什麼？回顧自己在「致富練習1」中寫的內容。我在課堂上提出這個問題，多數人都會回答：「房子和車子。」

我認為，這是讓我們生活變貧困的原因。把房子和車子視為資產，會導致經濟拮据，也無法獲得財務自由。若是不懂我的意思，可以先區分「真資產」與「假資產」！

首先，「資產」的定義是什麼？在會計理論中，資產的定義如下：

資產，係指因過去事項而由個體所控制之資源，且由此資源預期將有未來經濟效益流入個體。

——《國際財務報導準則之觀念架構》

意即無論是付錢購買或別人贈予獲得資產的「過去事

項」，讓我們得以「控制」。

　　如果汽車是我的資產，我必須具備能隨時駕駛的控制權，而且必須是「資源」。「資源預期將有未來經濟效益流入個體」意思是指必須具備賺錢的可能性。簡單來說就是：「我擁有的事物中，未來能變成錢的事物」。

　　至於銀行的定存，是過去把錢存進銀行的結果，隨時能提款，個人具備控制權，只要向銀行提出申請，就能換成錢的資源，因此屬於財產。那汽車算資產嗎？

◆ 車子算是資產嗎？

　　要確認汽車是否屬於資產，先分辨有沒有符合資源的條件。資源代表未來具備賺錢的可能性，如果把「未來能賺錢」的意思擴大解釋，即擁有這項資產，往後收入或所得就會增加。這在富人公式中是非常重要的概念。

　　真正的資產是，持有它，未來的所得會增加！

　　購買假資產，只會花錢，未來也無法讓收入增加；反之，只要擁有真資產，未來收入就會增加。從這個觀點來看，汽車算是真資產嗎？擁有汽車能在未來增加收入嗎？如果你的職業是計程車或貨車司機，汽車可以成為資產，因為是靠那輛車賺錢。但一般上班族呢？

　　購買汽車後，收入會隨之增加嗎？還是會增加支出？通常

會增加支出。雖然無法精算能省多少大眾交通費，但汽車的支出費用包含油錢、保險、稅金等，還要考慮折舊費。如果一起計算，會是一筆非常驚人的開銷。

如果是真資產，投資的金額越多，產生的收入應該越多；存越多錢，獲得的利息越多。不過越貴的車，投入維修的費用越多，未來的收入不會增加，這樣汽車可以算資產嗎？

企業會把汽車列為資產，是因為汽車是生財工具，藉由配送物品，降低物流費與增加利潤。對個人而言，以金字塔頂端為主要客群的車商可能會說：「為了幫顧客塑造成功的形象並提高信賴度，需要配備高級轎車。」在買車後，確認收入增加了多少，是否有超支。

有人會說：「把車賣掉不就有錢了？賣車獲得的錢不就是資產嗎？」沒錯，賣車獲得的錢是資產，不過我想反問：「什麼時候會賣車？」

如果是為了換更貴的車，反而會增加開銷。又有多少人會換更便宜的車呢？

我沒有把汽車列入資產清單，因為我一開始就不認為汽車是資產。我目前開的車是 9 年前買的，是車齡 3 年的中古車，至今出廠 12 年了，里程數也超過 12 萬公里，連不懂車的太太也曾問：「聽說男人都喜歡車，你沒有想要換車嗎？」

我怎麼可能會不喜歡高級轎車？但第二個孩子出生後，家庭成員就變成四位，基於多種理由，特別是安全考量，所以我計畫過一段時間才要換車。

近十年沒換車其實也有好處，就是我累積到了一間房。

本來預計 3 年的中古車開 5 年就要換車，所以我有計畫存錢。為了買車，我開了證券帳戶，打算進行為期 5 年的投資，如果獲利不錯就買高級轎車，如果獲利不佳就買國產車。

不過，在投資第 3 年時，我收到了企業分析的工作委託。

「可以幫我看一下財報，分析這間公司嗎？」一位學員在某證券公司任職，他拜託我分析一間未上市公司，他正考慮投資那間公司，所以請我幫忙確認財報上是否有不良的情況。我偶爾會收到這類請託，都因為沒有時間而婉拒了，但那時我剛好有空，所以就答應了。

研究財報期間，我也對那間公司產生興趣，雖然只看財報就投資有風險，但我充分理解該公司的基本資料與政策，於是我詢問委託者投資的理由、看好哪些部分？由於整體來看都還不錯，於是我詢問自己是否也能參與投資。

「如果身為會計師的你要投資，我會幫忙介紹。」

這明顯是一項有風險的投資。以未上市的公司來說，在上市前很難回收資金，上市後需要多久時間才能獲利也難以預測，如果幸運也許能賺大錢，但不幸的話，投資的錢就會化為烏有。深思熟慮後，我決定徵詢太太的意見。

「有一間值得投資的未上市公司，要不要試試看？」

太太一臉疑惑反問我：「不會有風險嗎？」

「有風險，如果沒順利上市，可能血本無歸。」

「不行，那別投資了，為什麼要投資？」

「不過，如果幸運的話，可以大賺一筆！我們不是存了一筆買車基金嗎？現在這輛車還能繼續開，要不要先把這筆錢拿來投資？如果投資不幸失敗，就當作是已經換新車，只是發生意外導致車子報廢，但我們毫髮無傷。這樣想不覺得很慶幸嗎？相反地，如果投資成功，就能換一輛非常棒的車。」

太太同意後，我便參與投資。我們的車子開了 10 年，不過我前前後後用這種方式投資了三次。一次血本無歸、一次損益打平，最後一次雖然還未上市，但行情上漲了不少，如果賣出股份，能在郊區買一間公寓，等於車子多開 5 年，換來一間房。

雖然這是其中一次投資成功帶來的成果，但如果我們在第 5 年換車，現在那輛車的價值也減半了，以現在的成果來看，如果當時換車，人生無法有太大的轉變。這就是我把假資產變成真資產的寶貴經驗。

假設我在第 5 年沒換車，把資金拿去投資現代汽車或起亞汽車的股票，那會怎樣？我沒買現代汽車，不過買了現代汽車的股票。然而，近幾年現代汽車與起亞汽車的股價衰退，如果我依照預定計畫，大概會在 2015 年初換車，當時與 2019 年的股價如表 4-1。

撰寫本文時，上週一被稱為「黑色星期一」的暴跌日，科斯達克（KOSDAQ）一天跌了 7.49％、韓國綜合股價指數（KOSPI）跌破 1,900。我沒買車，反而買進汽車股票，投資 5 年的時間股價卻下跌 20％。如果可以重新選擇，我還是會選擇投資股票。

表 4-1　現代汽車與起亞汽車的股價漲跌幅度

項目	現代汽車	起亞汽車
2015 年 1 月 2 日股價	169,000 韓元	52,300 韓元
2019 年 8 月 13 日股價	129,000 韓元	43,750 韓元
漲跌幅度	-23.7%	-16.3%

　　5 年的二手車價格通常會折半，況且如果能練就精準的投資能力，就有獲利。儘管股價一度暴跌，至今的投資報酬率也已超過 100％，也就是我的本金已增加了 2 倍。

☑ 房子算是資產嗎？

　　這個問題可能讓人困惑：如果汽車不是資產，那房子是資產嗎？可以依照前文的標準判斷。買房後，未來所得會增加嗎？還是支出會增加？脫離租屋族，買一間屬於自己的房子，像是完成一項遠大的夢想。我想這就是為什麼多數人會把「房子」、「車子」和「10 億」當作理財目標。

　　如果買房，減少房租或貸款利息等支出，就一定是資產。雖然買車也能減少大眾交通費，但如果養車費大於減少的支出，就不能算是資產。

　　實際買車後，省下的交通費也可能多於養車費，不過若考慮到折舊成本，通常買車的支出還是比較多。

如果買車後能縮短上下班時間，可以思考，省下的時間能產生什麼效益。

縮短通勤後，收入是否有增加？省下的時間有賺到錢嗎？是否有利用那段時間增加收入？資產淨額的增加速度是否有提升？

可以比較買車前後的資產淨額增減情況，如果買車後，資產淨額增加的速度有加快的話，汽車就可列為資產。為了掌握財務狀況，每個月都必須記錄一次，如果不檢視則無法管理。

其實開車上班不會節省太多時間，如果上班地點是在市中心，大眾交通工具反而最快。就算自己開車比較快，但開車時根本無法做其他事，只能專心開車，注意路況；如果搭乘大眾交通工具，可以看書或聽線上課程等投資自己。因此，除非是去偏遠的教室授課，不然我通常都會搭乘大眾交通工具。

然而，買房一定可以減少租金，不過也會衍生出許多無形費用。住在不是自己的房子，比較不講究，但如果是自己買的房子，自然會付出比較多的心力與金錢，希望有更好的生活品質。

例如買容量更大的冰箱、更高級的家具，壁紙或地板都會選擇品質比較好的，裝潢也會多費心思。因為是自己的房子，自然會認為即使多花一點錢也無妨，不會覺得浪費錢。

但買房後，要支付的稅金也變多，無法申請租屋補助。考慮這些部分，實際計算後發現，買房後的現金流沒有想像中那麼容易改善，比較投入買房的錢，報酬率不高。不過，生活

品質獲得改善、內心比較安定和有安全感，這些是無法忽視的部分。

但房子不是好的資產。

以出租為目的和以居住為目的的不動產，兩者屬於不同類型的資產。如果買房是為了出租，這就是好的資產，因為收取租金會增加收入，若買豪宅，也能以更高的價錢出租。

但買來自己住的房子呢？收入會增加嗎？買豪宅，會帶來更多所得嗎？答案是否定的。如果買豪宅，稅金或修繕費等支出就會更多。必須區分清楚「投資型不動產」是良性資產，但「自住型不動產」則不是好的資產。

長期來說，房價都是往上漲的，上一代的人因為有過房價飆漲的經驗，所以都會跟子女說有錢一定要先買房。如果我住的房子價格上漲，就能成為有錢人嗎？房價上漲不代表收入會增加，而且公告地價上漲，稅金也會跟著增加。

也許有人會說，房子賣掉後就能賺到差價，不是也能成為有錢人嗎？我會提出相同的問題：「**什麼時候會賣房？**」

賣車通常是為了想買更貴的車，賣房也一樣，大部分的人都是想搬去更大、更好的房子才會賣房，一般人買房後，很少會再換，都是把房子留給下一代，當需要賣房時，賣房的錢才會成為資產。

因此，我買房不是變成我的錢，而是變成我小孩的錢。說不定有人的個人財報中視為資產的房子，其實是父母留下的房子，不能算是自己的房子。

致富
練習

區分真資產與假資產

　　把「致富練習1」的資產項目填入下表，區分日後真正有價值的真資產，以及無法變成錢的假資產。檢視自己有多少真資產？

◇◇◇◇◇◇◇◇◇◇◇◇◇◇◇◇　**致富練習　11**　◇◇◇◇◇◇◇◇◇◇◇◇◇◇

資產		
項目	金額	真資產

資產		
項目	金額	真資產
合計		

　　如果是真資產，報酬率必須大於 0。回頭檢視「致富練習 4」
確認自己記錄。你寫下的五項資產報酬率是多少？如果報酬率沒
有大於 0，那算是真資產嗎？

◁ 負債也有分好壞

當某人說自己「欠了很多債」時，別人聽到後會對他產生什麼印象呢？想必感覺不會很好。「負債」充滿強烈的貶義，我在網路書店搜尋了「債務」的關鍵字，結果出現以下書籍：

- **因為債務而煩惱**
- **某天突然欠下 400 億債務的男人**
- **再見，債務**
- **整理債務的技術**
- **確實減少債務的 63 種方法**

多數人都認為債或負債是不好的，必須快點還清。不過我有很多債務，從蜜月旅行回來後，太太對我說：「存摺可以交給我保管嗎？」

大部分的人都說：「結婚後，錢要交給女方管理，生活才會過得好。」可能因為我是會計師，應該更擅長管理金錢，所以太太詢問我時顯得格外小心。

很多時候，會計師能幫人順利解決問題，但面對自己的問題時卻一籌莫展，加上我的個性偏懶，打從一開始就沒想要記錄與管理家計簿的意願，所以我欣然地把存摺交給太太。

在確認帳戶餘額後，她嚇了一跳，當時帳戶餘額是七千九百多萬韓元（約新台幣 197.5 萬元），但是負數。

前文提過，會計師考試合格後，我就申辦了 3,000 萬韓元的信貸。在會計事務所工作幾年加薪後，我到另一間銀行辦理 5,000 萬韓元的信貸。

在沒有家裡的幫助下，自己貸款支付結婚和蜜月旅行的所有費用，總共負債 8,000 萬韓元（約新台幣 200 萬元），達到信貸額度的上限。聽到太太主動說要管錢，我完全沒有拒絕的理由，看見餘額後，錯愕的她改變心意說：「**等金額變正數時，再讓我管理。**」

雖然這樣說很不好意思，但她大概一輩子都無法拿到我的存摺。不是我不想給她，而是絕對不可能變成正數，現在的債務比當時多，已經多了一個零。撰寫本文時，上週股價暴跌後，我還申請了信用增貸，如果股票繼續下跌，我打算申請土地抵押貸款。

我完全沒有想要還債的想法。

別人都說信用卡必須全部剪掉，把債務都還清，才能成為富人。但為何我卻不想還債？因為我的情況不一樣。其實每個人的情況都不同，「致富練習 4」比較了資產的報酬率與負債的利率。

如果有報酬率比負債利率低的資產，例如 2％利息的定存和 5％利率的貸款，這時確實該先還債。

不過，如果情況相反，負債的利率低於資產的報酬率，借款的利率是 5％、存款利率是 10％，不就應該多借錢拿去存，什麼都不做就能賺到 5％。我屬於這種情況。

我的貸款利率最高約 3%，但投資股票的年化報酬率超過 20%，所以沒理由不借錢投資。這是報酬率 20% 以上的生意，為什麼要急著還債？這也是我多次強調要親自寫「致富練習」的理由。

每個人的資產項目不一樣，只有自己最清楚，也是最適當評估的人。如果比較資產的報酬率與負債的利率，有些人確實要先還債會比較正確，但有些人不必急著還債，因此需要自己記錄、診斷和制定策略，完成專屬自己的富人公式。

◇ 為什麼負債越多越好？

我的學員大多是股票投資人，我教的是財務報表相關課程，偶爾有人會問我：「哪一類資產多的公司是好公司？」

哪一類資產多，才算是好公司呢？現金？設備？專利的無形資產？我的答案是：「沒有！」

通常擁有大量的現金流的公司，就會被視為好公司。不過現金真的是好資產嗎？從穩定性來看，現金是好的資產，當景氣差或個別企業遇到暫時性的危機時，現金多比較能戰勝困境，因為其他資產遇到經濟危機時，可能會貶值。除了通貨膨脹，現金貶值的風險較低，從穩定性來看，現金當然是好資產。

不過，現金的收益性好嗎？留著現金會產生收益嗎？利率不高的儲蓄無法產生大的收益，對投資人來說，現金只是以防

萬一的安全資產；股價上漲時，股票的收益性與成長性更好，但現金不具備收益性與成長性。

雖然無形資產看不見，但公司數十年信用經營的品牌價值或專利等，這些無形資產是不是越多越好？當然無形資產多並非壞事，不過可惜的是，財務報表不會記錄無形資產的「價值」，而是記錄「原價」，也就是第 2 章三項估值方法中的歷史成本。

換句話說，不是看品牌或專利獲得的價值，而是付出的金額。例如，付出 10 億韓元研發價值 100 億韓元的專利，該專利會記錄為 10 億韓元；付出 20 億韓元研發價值 50 億韓元的專利，該專利會記錄為 20 億韓元。因此，不是無形資產多、金額高就一定好。

站在投資的立場，最好的公司是沒有資產的公司，利用 100 億韓元資產創造 10 億韓元獲利的公司，以及利用 10 億韓元資產創造 10 億韓元獲利的公司，哪一個比較好？資產少也能創造出相同的利益，當然選擇後者。

沒有任何資產是越多越好，如果有人抱持質疑的態度，我的回答是：「**確實有越多越好的東西，但不是資產，而是負債。**」

大部分的人聽見這番話都會很錯愕，明明問哪一種資產越多越好，結果得到的回答卻是負債越多越好。我是認真的，只不過負債必須是好的負債，到底哪一種負債越多越好？

表 4-2 資產的多寡與資產報酬率

項目	A	B
資產	100 億	10 億
獲利	10 億	10 億
資產報酬率（ROA）	10%	100%

◈ 如何區分好負債與壞負債？

負債可依照到期日分為「流動負債」與「非流動負債」。簡單來說，1 年內要償還的負債列為流動負債，到期日超過 1 年的負債則是非流動負債。

不過，要區分好負債或壞負債，不是依照償還時間分類，而是以「計息債務」與「無息債務」區分。

一般來說，需要支付利息的債務，稱為「計息債務」；反之，不需支付利息的債務，稱為「無息債務」。假設我們每天都去便利商店光顧，但今天手上剛好沒現金，本來打算刷卡，但老闆卻說：「下次來再付現金就好！」這種不會另收你一天的利息，屬於無息債務。

企業通常都是賒帳交易，如果交易沒有另外計息，屬於無息債務。公司的無息債務多是好事，還是壞事呢？通常大家聽到債務很容易認為是不好的，但其實無息債務是好的負債。簡單來說，無息債務就是在不需要利息的情況下，使用別人

的錢。

「朋友，我借錢給你，不收利息。」假設有朋友對你這樣說，你會怎麼做？

就算單純把錢放在銀行也能賺利息，這種時候當然要感激朋友。做生意的人常說：「該收的錢快點收，要給的錢慢慢給。」就是指無息債務。

我不排斥使用信用卡，雖然有人說想存錢必須先剪掉信用卡，但刷卡基本上是無息債務，可以延後支出。不過，預借現金不算在內。

✔ 真富人懂得善用負債

我的母親非常討厭負債，每次父親深夜喝醉回來時，母親都會問父親：「你有沒有賒帳？」

如果父親有賒帳，她就會立刻去還錢，這樣晚上她才能安心睡覺。就是因為非常討厭欠債，所以才會無法成為富人，明明賒帳是無息債務，媽媽卻認為不好。這也是讓父母後悔的原因，他們常會惋惜地說：「當時，應該貸款買下澡堂前的那塊地……。」

窮人討厭欠債（雖然不會破產），但有錢人卻懂得善用債務。個人該如何運用無息債務呢？利用賒帳或信用卡很難成為有錢人吧？不過，有一個非常有名的方法，那就是「GAP 投

資」*。

全世界只有韓國有全稅制度，房東出租房子時，收到的保證金之後要還給出租者，不過因為保證金沒有利息，因此屬於無息債務。「GAP 投資」就是積極利用此優點的投資方法。

假設購買 5 億韓元（約新台幣 1,250 萬元）的房子後，以 4 億韓元（約新台幣 10,000 萬元）出租，房東本身只要負擔 1 億韓元（約新台幣 250 萬元），也就是只需要付房貸與全稅保證金的差額 1 億韓元，就能獲得一間房子。若之後房子的價格上漲 20％變成 6 億韓元（約新台幣 1,500 萬元），扣除保證金 4 億韓元，還有 2 億韓元，等於大樓的價格上漲 20％，房東的錢就能從 1 億韓元變成 2 億韓元，增加了 100％。

這就是「負債的槓桿效果」，讓負債透過「槓桿」增加 5 倍，也就是原本 20％的收益率變成 100％的報酬率（見圖 4-1）。

「GAP 投資」的模式，房東與租客的財務狀況表見圖 4-2。

如此一來，誰比較有錢呢？房東的資產淨額是 1 億韓元，租客的資產淨額則是 4 億韓元。反向分析的話，租客擁有 4 億的財產且過著全稅的生活；房東只付 1 億韓元，卻成為房東，但必須承擔房價變動的風險。不過，在通膨時代，房價上漲的機率比較高。

---

* GAP 指差額，意即購買房屋後出租給別人，再利用承租人的全稅保證金去買房、投資。

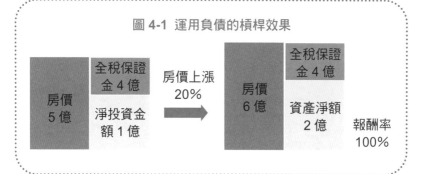

圖 4-1 運用負債的槓桿效果

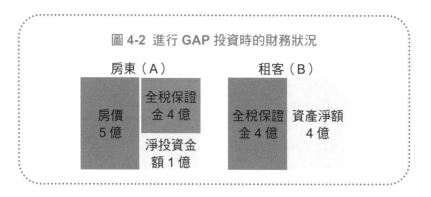

圖 4-2 進行 GAP 投資時的財務狀況

　　因此比起房價下跌的風險，房東因房價上漲獲利的機率更高。假設租客利用 4 億韓元的資產淨額進行 GAP 投資，就能買下 4 間和房東一樣的房子（見下頁圖 4-3）。

　　我不是建議大家扣除全稅金進行 GAP 投資，不過通常有錢人都從 B 與 C 兩種方式，找出適合自己的方法；反之，窮人只會想到 B 而已。有錢人懂得善用債務，當住宅價格上漲，真富人大部分都會選擇 C。

圖 4-3 利用 4 億進行 4 間 GAP 投資

全稅居住（B）

| 全稅保證金 4 億 | 資產淨額 4 億 |

GAP 投資（C）

| 4 間房子 20 億 | 全稅保證金 16 億 |
| | 資產淨額 4 億 |

❤ 偏重不動產真的是一個問題嗎？

以韓國的家庭來說，資產配置過度偏重不動產，相較於其他先進國家，韓國在不動產的投資比重比較高，投資基金、股市、債券等金融資產的比重偏低。由於家庭資產無法平均分配，當不動產市場停滯時，多數家庭可能因此陷入困境。

為了降低風險，我個人也認為不該完全依賴不動產，而是採取多元化分散投資。雖然前文說偏重不動產是一大問題，但事實上，多數有錢人都是靠密集投資不動產後致富。

雖然韓國資產配置偏重不動產的程度會是一大問題，但忽略了一件事，就是韓國是全世界唯一有全稅制度的國家，在韓國投資不動產時，可運用全稅保證金這項無息債務的好負債。

我認為，和其他國家比較時，不該忽略這項條件，反而可以說運用此條件投資不動產的韓國人實在太聰明了。如果明明

可以利用無息債務，但不動產的投資比重卻和其他國家一樣，反而更奇怪吧。

結論就是，負債的好壞取決於債務成本與投資獲利。調整負債後，如果債務利息比投資獲利多，最好快點清還那筆債務；反之，投資獲利大於債務利息，就不需要急著償還。

無息債務的債務成本是 0，屬於良性負債。如果投資報酬率高於貸款利率，就能利用槓桿更早成為富人。

總之，如果想做出更正確的判斷，就必須記錄資產與負債內容，計算投資報酬率與債務成本。「致富練習 4」中記錄了資產報酬率與負債利息，請重新檢視。

如果先前都沒記錄，請一定要記錄，如果已經明白「原來這就是成為富人的方法」，不記錄也無妨。如果你希望能改變人生，一定要從記錄開始。記錄不代表一定能成為富人，但成為富人的機率比沒記錄的人高出 10 倍以上。

記錄資產報酬率與負債利率

　　回顧「致富練習 1～4」，是否有完整記錄資產報酬率與利率呢？

　　不良資產或無息債務，報酬率與利息都是 0%，不過計算資產報酬率時，也該考慮機會成本，雖然無法立即帶來收益，但具有降低支出的作用。

　　檢視「致富練習 5～8」後，在資產與負債項目旁填寫報酬率與利率，比較兩者是否有不良資產。

第 5 章

區分收入的種類

❤ 收入也有很多種類

企業的損益表把收益分為「營業收入」（operating revenue）與「營業外收入」（non-operating income），也就是由公司主要業務創造出來的收益為營業收入，非主要業務的副業或暫時的收益則列為營業外收入。

例如三星電子販售手機時，會產生營業收入，也就是營業額；出售二手辦公桌則屬於營業外收入，因為三星電子的主業並非販售書桌。由此可知，區分的標準就在於「是不是主要營業項目」，以企業的角度來看，營業收入相當重要，因為營業收入才是企業主要獲利來源，營業外收入則無法重複產生、是一次性的。

那麼個人的收入該如何區分？如同前文所說，個人製作財報時沒有一定的標準，只要依照自己的財務狀況區分即可。可以和企業一樣，依照主業與副業區分營業收入與營業外收入來評估。

在會計事務所工作時，我偶爾會去金融企業教課，賺外快。這種薪資以外的所得，可以視為營業外所得或其他所得。一般上班族如果週末或假日偶爾去打工，打工的薪水可視為營業外所得；銀行定存的利息或投資股票的獲利，也可以歸為營業外所得。

不過，我討厭依照「是不是主業」來區分個人所得，因為會讓人產生錯誤的觀念，讓我們無法成為富人！

因為企業的營業收入比營業外收入更重要，因此以此區分時，可能也會讓一般人以為營業收入比較重要，不過若想成為富人，就需要改變這種觀念。

我區分收入的標準是「是否為被動收入？」

「被動收入」是指不需要花費時間和勞力，也能獲得的收入；反之則是「主動收入」。你有被動收入嗎？就算一整年都在世界各地旅行，也還是會有收入，你的收入中，有多少是被動收入？本書雖然有許多成為真富人的觀念，但若要選出最重要的一項，應該就是這個了。

你的個人財報中有多少「被動收入系統」？

如果有人認為，沒有付出勞力就有收入是不勞而獲的行為，那就與富人的想法差遠了，**多數人認為「應該努力工作賺錢」，富人則是在想：「為什麼需要靠自己賺錢？」**

沒有勞動獲得的所得稱為「非勞動所得」，但一般人都以負面的角度看待。我也贊同「勞動是神聖的」[*]，辛勤付出的勞力能獲得回報，不過為了讓我的勞動變得有意義，因此，我很

積極追求被動收入，或許有人會認為這樣很矛盾，我在後文會再詳細說明。其實，否定非勞動所得，也可能會變成是否定資本主義。

「資本主義」是什麼？其實沒有明確的定義，資本主義是在形成貨幣並用貨幣交易後，自然發展出的體制，與社會主義相對的概念。

雖然無法簡單定義資本主義，但具備幾項明確的特徵，其中一項就是生產工具的私有化。生產工具不僅是勞力，還包含生產所需的工具、設備，即資本。

史前時代，凡是一起參加狩獵、付出辛勞的人都會共享獵物，但在資本主義的體制中，就算不參加狩獵，只是提供狩獵需要的資本，也能分到獵物。投擲石斧和使用獵槍，哪一種狩獵的效果會更好呢？如果後者的效果更好，就算分享獵物給提供獵槍的資本家，也未嘗不可，畢竟扣板機遠比投擲石斧更方便。

表 5-1 狩獵的成果比較：石斧 VS. 獵槍

項目	參加者	收種	分配
石斧	10 名獵人	10 隻獵物	1 隻／人
獵槍	5 名獵人 + 1 名資本家	18 隻獵物	3 隻／人

* 認為勞動是對社會的貢獻，因為每個人付出勞動，才讓社會得以運作。

如表 5-1 所見，10 名獵人用石斧捕捉到 10 隻獵物，各自可帶走 1 隻；5 名獵人使用 1 名資本家提供的獵槍，捕捉到 18 隻獵物，6 個人平均可獲得 3 隻獵物。

在使用獵槍的情況下，如果獵人與資本家不是平均分配，而是資本家帶走 15 隻，剩下 3 隻由獵人分，每位獵人就只能分到 0.6 隻，比使用石斧的獵人分到的 1 隻更少。

相反地，如果不分給資本家呢？認為資本家沒有付出任何勞動，不該獲得非勞動所得，因此拒絕提供獵物給資本家的話，獵人大概就得回到使用石斧來打獵。

不與資本家分享獵物其實不是一項好方法，如果獵人不把分配到的 3 隻獵物都吃完，而是保留 1 隻獵物用來交換獵槍，反而是比較明智的做法。

在資本主義的體制下，為獲取更好的狩獵成果，獵人也必須成為資本家。

你是否擁有槍呢？有一項方法能分辨你是擁有槍的資本家，還是借槍狩獵的獵人，就是檢視自己的所得中，是否有被動收入。資本家一定會擁有就算不工作也能自動獲得的收入，換句話說，資本家一定會有被動收入。資本主義體制的贏家是資本家，為了分辨自己是否為資本家，因此不以主業或副業區分所得，而是以主動收入或被動收入區分。

一般人都是靠勞動獲取所得，如果依照「是否來自於主業」，將薪水視為營業收入，銀行利息、投資獲利或不動產租賃所得等視為營業外收入。認為主動收入是主業很重要；被動

收入是副業不重要，等於是在資本主義體制中與富人之路背道而馳。

我並不是要主張副業比本業更重要，而是難道你想要終生依賴主動收入度日嗎？就算真的有那樣的想法，公司方也未必會同意，否則為什麼會有屆齡退休的制度呢？

唯有被動收入高於主動收入，才能擁有悠閒的退休生活不是嗎？我們常聽到「想成為富人，就不要為了錢而工作，而是要讓錢為我們工作」，這句話很有道理，也不會太艱深，但很少人知道具體該怎麼做。

總而言之，我們必須不工作也能創造出收入，後文我會詳細介紹方法。「用錢滾錢」這句話會讓人誤以為必須先有錢才能賺錢，但其實這是在強調，就算不工作也能賺錢的重要性。

◆ 區分個人收入來源

我把收入分為四種，如前文所說，區分個人收入時沒有標準答案，都能引導我們往正確方向邁進。

第一種收入就是前文提過的被動收入，因為不工作也能獲得，也能說是「非勞動所得」，但因為聽起來帶有貶義，所以我改稱為「系統收入」，也就是建立被動收入的系統。

「追求非勞動所得」會讓人有負面的觀感，但「創造出系統收入」則有積極正面的感覺。另外，在建立系統的過程中，

一定會付出辛勞，因此也不適合統稱為非勞動所得。總之，這是我最喜歡的收入來源，後文將會介紹第三個富人公式，系統收入也就是能否成為富人的關鍵。

相對於被動收入，主動收入是透過工作、付出勞動獲得的收入，也稱為「勞動收入」。

不過，也有被動收入與主動收入難以明確區分的時候，即雖不用每天工作，但需每隔一段時間工作。我的線上課程就屬於這一類型，提供考前準備課程，只要將內容錄好上傳，就能獲得一整年的收入，之後根據修訂內容，1 年重新拍攝一次，我把它稱為「半被動收入」。

最後一種收入是「投資收益」，只有當投資標的價格上漲才能獲得，代表性的例子就是透過股票獲得的價差。很多人可能會將其誤認為是被動收入，但被動收入不會出現虧損的情況；反之，投資收益雖然有機會獲利，但當標的價格下跌時也會造成虧損。

每個人財務狀況不同，也有可能出現上述四種以外的收入。例如樂透，中獎的金額無法明確列為四種收入的任何一項，它既不是被動收入，也不是主動收入，樂透也不能視為投資。這類收入則可以歸為「其他收入」。

再次強調，這樣的區分方式是隨意的，依照各自的情況分類即可。相同的收入來源，也可能因為每個人的情況不同而區分為不同種類。舉例來說，我投資獲得的收入被分類為投資收益，但如果是專業投資人，每天都在看盤且頻繁交易的人，也

能將投資獲利列為勞動收入。

表 5-2　個人收入的五種區分

種類	說明
系統收入	沒有付出勞動，自動獲得的收入
半被動收入	需要投入週期性勞動才能獲得的收入
勞動收入	必須工作才能獲得的收入
投資收益	透過投資標的價格上漲獲得的收入
其他收入	不屬於上述四種類型的收入

◇ 資產的區分也會不一樣

　　如果收入能依照上述方式區分，那資產也會有不同類別。我把創造出系統收入的資產稱為「系統資產」，創造出勞動收入的因為是自己，所以不特別列出。

　　勞動收入能反推出人力資源成本，但計算資產價值卻不容易。創造出半被動收入的資產，我也分類為系統資產；創造出投資收益的資產，則分類為「投資資產」。

　　把資產分類為系統資產與投資資產後，就能更清楚掌握自己的財務狀況。舉例來說，買房出租時，房屋算是系統資產，還是投資資產？隨著出租方式不同，分類也不一樣。

如果是採每月收租的形式，就屬於系統資產；如果是採全稅金的方式，就屬於投資資產。因此，就算購買同一間房子，隨著租貸方式不同，資產分類方式也會不一樣。

一般人都會苦惱該投資不動產，還是股票？我則是會猶豫該購買系統資產，還是投資資產？

股票大多是投資資產，股價上漲時獲利，下跌時虧損。但股票也能是系統資產，例如領取股利（stock dividend），當殖利率（dividend rate）高於存款利率，為了固定領取週期性收入時，就能視為系統資產。

除了系統資產與投資資產，還有不屬於這兩種的資產，例如房租押金，對租客來說，押金雖然是日後能拿回的資產，但卻不會產生收益，因此不是系統資產，另外，押金也不可能會增加，更不是投資資產，所以我把這一類的資產分類為「預置資產」，意思是暫時委託他人保管的資產。

資產的分類除了會隨個人情況而不同，也會隨著時代而不一樣。例如，銀行的存款屬於哪一種資產？因為存款會有利息，利息屬於系統收入，可視為是系統資產。不過這是在利率超過10％的時期，只要把一筆錢存入銀行，靠利息就能生活，如今定存利率不到2％，如果存的錢不夠多，根本無法將利息視為系統收入，活期存款更是沒有利息可言，怎麼能稱為是系統資產？

所以我把銀行的存款也歸類為預置資產，但如果認為銀行利息足以視為系統收入，歸類為系統資產也無妨。只要依照自

己的情況，合理分類即可。

　　那麼汽車、家電、家具、古董等算什麼資產？如果購買目的並非投資，就不屬於任何一項資產，只要根據自己的狀況判斷、分類，即使是列為「其他資產」也無妨。對我而言，我不會把這一類列為資產，如同前文所說，如果日後無法變成錢，那就不是真資產，而是支出。

致富
練習

區分收入和資產的種類

　　試著分類上個月的收入。可以依照「致富練習 12」的分類標準，或是另外制定專屬的分類，填到其他筆記本或製作成 Excel。

　　另外再把「致富練習 11」記載的真資產分類為系統資產、投資資產、預置資產、其他資產後，標示在旁邊。

◇◇◇◇◇◇◇◇◇◇◇◇◇　　**致富練習 12**　　◇◇◇◇◇◇◇◇◇◇◇◇◇

分類	項目	金額
系統收入		
	小計	
半被動收入		
	小計	

勞動收入		
	小計	
投資收益		
	小計	
其他收入		
	小計	
總計		

♥ 減少開銷才能增加利潤

如圖 5-1，透過資產減負債取得資產淨額後，再和上個月比較，增加的金額是「利潤」，收入扣除利潤後就是「支出」。

許多理財書籍都強調，記錄是為了控制支出，不過前文也提過，若是想記錄所有的支出，需要耗費許多精力與時間，記錄本身就是一項無形的支出。我認為這份精力與時間應該用在其他地方。

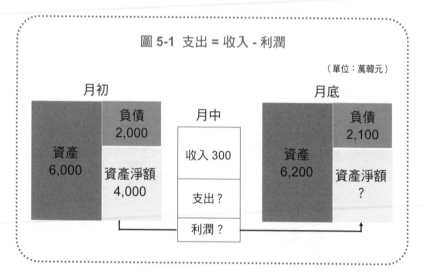

圖 5-1　支出 ＝ 收入 - 利潤

（單位：萬韓元）

月底資產淨額 ＝ 資產 6,200 - 負債 2,100 ＝ 4,100

利潤 ＝ 月底資產淨額 4,100 - 月初資產淨額 4,000 ＝ 100

支出 ＝ 收入 300 - 利潤 100 ＝ 200

　　所幸近來開發了多樣化的 APP，就算沒有親自記錄每一筆支出，也能輕易查找，像是信用卡公司提供的 APP 等。

　　其實成為富人最簡單的方法就是控制支出與降低開銷。如果及早節省開銷、追求複利，小錢也能累積成龐大的財富。特別是對難以獲得額外收入的月薪族來說，減少支出可能是成為富人的唯一方法，不過即使如此，還是很少人能徹底實踐。

　　雖然大家都知道節省才能創造富裕生活，但節省並非容易的事。

　　如果每天省下一杯咖啡 4,000 韓元，一個月就是 12 萬韓元，1 年是 144 萬韓元，20 年就是 2,880 萬韓元。每個月投資 12 萬韓元，年報酬率提升至 5% 的話，透過複利效果，20 年後就會有將近 5,000 萬韓元。如果是每天喝兩杯咖啡的人，20 年後就能擁有 1 億韓元。

　　就算知道，真正要實踐起來卻不容易，我們不清楚 20 年後 5,000 萬韓元會價值多少，甚至也不清楚自己 20 年後會怎樣，如果單純只看 4,000 韓元與 5,000 萬韓元，當然是 5,000 萬韓元更吸引人。不過，如果要以現在和 20 年後作比較，實在是一件很困難的事。為了 20 年後獲得 5,000 萬韓元，從今天起連續 20 年都要省吃儉用，你願意嗎？「20 年後」聽起來遙不可及，「今天起連續 20 年」則讓人望文生畏。

　　比起知道減少支出的方法，更重要的是實踐的意志。如果覺得減少支出並不迫切，就會無法持之以恆，後文會再詳細談到這個部分。若是想成為富人，就該想辦法提高收入或是降低

支出。

　至於無法提高收入怎麼辦，後文也會談到具體的內容。把收入分為被動收入與主動收入，那支出（開銷）可以怎麼區分？

▽ 區分必要支出與非必要支出

　區分支出的標準是「這是必要的支出嗎？」生活必需的支出歸類為「生活開銷」，其他的則列為「奢侈開銷」。前文提過，資產淨額的增減額視為利潤，收入扣除利潤後就是支出，先將所有支出都列為生活開銷，再找出非必要的項目，列為奢侈開銷。

　整體支出中，被視為奢侈開銷的有多少？所有支出扣除奢侈開銷後就是生活開銷，如果無法賺超過此一金額，生活就會發生問題。

計算每月支出，區分生活開銷與奢侈開銷

在「致富練習5～8」中，確認資產淨額增減額並掌握支出。試著在支出中尋找是否有屬於奢侈開銷的項目，再從整體支出中扣除奢侈開銷，就能算出生活開銷。

◇◇◇◇◇◇◇◇◇◇◇◇◇◇◇◇　**致富練習 13**　◇◇◇◇◇◇◇◇◇◇◇◇◇◇◇◇

損益估算	
A. 當月底資產淨額	
B. 上月底資產淨額	
C. 資產淨額增減額（A - B）	
D. 當月收入	
E. 當月支出（D - C）	
F. 奢侈開銷	
G. 生活開銷（E - F）	

第 6 章

富人公式③：
改變對富人的刻板認知

▽ 你會賣掉家傳祕方嗎？

假設你已經受夠了凍漲的薪水，以及隨時都有可能被解雇的職場生活，於是開始苦思該不該離職創業。

你想到廚藝精湛的外婆，過世前曾傳授你幾個獨家祕方，品嚐過的人都讚不絕口，而且跟你說，用這個祕方開店的話一定會成功。

終於你鼓起勇氣開了一間泡菜鍋專門店，結果獲得熱烈的迴響，經過電視節目介紹後，客人絡繹不絕，扣除人事費用、店面的租金後，每個月還有 2,000 萬韓元（即每年 2 億 4,000 萬韓元）淨利。如果過去在職場上的年薪是 4,000 萬韓元，相較之下，收入增加了 6 倍之多。

不過有一天，一家公司突然前來提議：「**如果把泡菜鍋的祕方給我，我每個月就固定給你 500 萬韓元。**」

如果願意提供祕方，每個月可以收到 500 萬韓元，公司也

會補償裝潢費用與權利金等所有的支出。不過交出祕方後，就無法繼續使用祕方，也不能再給第三人。你會怎麼做？

你會把每月賺 2,000 萬韓元的祕方，以每月 500 萬韓元的價格交給別人嗎？

這個問題並沒有正確答案，有些人會回答不賣，有些人則願意出售，重要的是判斷的依據，你是憑什麼樣的依據做出結論的？

10 年前的我大概不會販售祕方，但在明白第三個富人公式後，現在的我則會出售祕方。

⬦ 擁有多少財富才是富人？

你認為怎樣才算是富人？大多數人界定富人的標準是「財產的多寡」，韓國財經媒體《Money Today》2019 年進行「擁有多少總資產，才能算是富人？」問卷調查，結果顯示，回答認為「總資產 10 億韓元以上」的人最多（見下頁圖 6-1）。

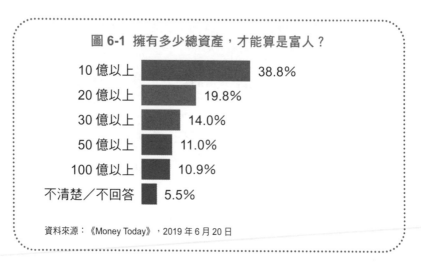

圖 6-1 擁有多少總資產，才能算是富人？

10 億以上	38.8%
20 億以上	19.8%
30 億以上	14.0%
50 億以上	11.0%
100 億以上	10.9%
不清楚／不回答	5.5%

資料來源：《Money Today》，2019 年 6 月 20 日

　　我很好奇參與問卷的人是如何解釋「總資產」的意思，因為都沒有明確的說明。是扣除負債後的「資產淨額」？還是不動產、現金與金融資產全部加起來的「總資產」？我想大概是後者。

　　總之，富人的標準一直都是以財產來界定，一般人的理財目標也是設定財產金額，「致富練習 9 ～ 10」也是由資產淨額作為理財的目標。不過，把財產金額視為富人的標準真的是正確的嗎？

　　做任何事之前，最重要的是先設定正確的目標，舉例來說，瘦身前把目標設定為「降低體重」或「身體健康」會有不同的結果。肥胖的人若能減輕體重，自然能增進健康，不過，如果把目標定在降低體重，而且為了達成目標不擇手段，不論是服用有安全疑慮、未獲得認證的減肥藥，或是逞強節食、不

吃東西因此罹患厭食症，都對健康有害。瘦身的目標不該是追求「消瘦的身材」，應該是「健康與幸福的生活」不是嗎？

設定成為富人的目標也一樣，如果以增加財產為目標，達到多少金額才會滿足？每天工作 15 小時，週末也沒有休息，存到 10 億元時就會滿足嗎？如果是靠著一毛不拔斷絕人際關係存到 10 億元，不就與幸福生活背道而馳了嗎？

如果目標只是一味累積財產，很有可能會陷入永無止盡的競賽中。就算存了 10 億元，搬到期待已久的高級大樓，生活周遭也都會是資產超過 10 億元的人。

會住在價值 10 億韓元房子的人，財產一定超過 10 億韓元，擁有 20 億元的人，會因為 10 億元就滿足嗎？說不定小孩從學校回來後，會抱怨：「我們家在班上是最窮的」。當你改以存到 20 億元為目標，存到後就會遇到擁有 50 億元的人；存到 50 億元還會遇到擁有 100 億元的人。

要存到多少錢，才不會執著於財產的多寡，並且感到滿足？就像是不斷追求「更瘦的身材」，最後只剩下皮包骨一樣，一味追求「變更有錢」，最後自己連一毛錢都還沒花到，就變成遺產的情況也經常可見。

但如果抱持「反正有錢不代表會幸福，不如隨性生活，不用刻意存錢」，這就和肥胖的人主張「為什麼要減肥？想吃就吃才幸福」一樣。

◇ 富人公式 3：系統收入＞生活開銷

那是叫我們不要累積財產嗎？還是把抽象的「幸福」或「滿足感」也作為富人的標準呢？

我認為真正的富人應該是：

> 系統收入＞生活開銷

這是我提出的第三個公式。前文提到要把收入分為被動收入（系統收入）與主動收入，支出分為生活開銷與奢侈開銷，因此真正的富人是「系統收入＞生活開銷」。

就算不工作，也會一直有被動收入，且大於維持生活的開銷時，代表：「就算不工作，生活也不會有任何問題！」

把資產金額設定為富人的目標，這就和不停跑轉輪的天竺鼠一樣，不斷提高目標就只是換另一個更大的轉輪而已。當金額達到目標時，目標就會繼續調高，無止盡地追著目標跑，如同有些父母會跟小孩說，只要考到第 1 名，就能買想要的東西，於是小孩就會拚命讀書，等考到後父母會再次把目標調高至全校第 1 名。

將金額視為目標，就會一直追著目標跑，而我提出的公式，則不需要一直盲目累積資產。我們之所以想成為富人，是為了能在財務上獲得自由，不是只為了追求金錢。如果不工作

就能維持生計，這不就是「經濟上的自由」嗎？

▽ 你要富人的財產還是富人的自由？

有些人雖然累積了驚人的財富，但卻沒有過著讓人稱羨的生活。我求學時期常去一間綠豆煎餅店，店面位於傳統市場內，老闆是一位老奶奶，因為老奶奶的廚藝很好，所以客人絡繹不絕。後來店面搬到了新大樓 1 樓，傳聞店面的主人就是老奶奶，她賣綠豆煎餅賣到買了一間房。

既然買得起一棟房子，應該算是有錢人吧？不過，我卻不認為那位老奶奶是有錢人，因為她看起來將近八十歲了，卻還要每天在店裡煎綠豆煎餅，賺取勞動收入，可能有人覺得沒什麼，但至少她不是我想成為的富人，因為，我的第三個富人公式中不包含勞動收入。

也許有人會想，老奶奶雖然年紀大了，但仍樂於工作，看見客人前來光顧且吃得津津有味的樣子，可能也會覺得滿足與幸福吧。不過，從老奶奶對待客人的態度中，絲毫感受不到那樣的滿足感，如果客人點了很多種口味的綠豆煎餅，老奶奶都會說自己很忙，要求客人統一口味，甚至還發脾氣，就算是老顧客打招呼，老奶奶也不會有任何回應，只是站在鐵盤前不斷擦汗。

她會不會其實是在埋怨客人？如果沒有客人，或許她就能

停止工作賺錢，過著舒適的生活，但因為每天都有大排長龍的客人，因此她就必須繼續工作，所以才無法過著輕鬆的日子，心想：「閒著幹麼？只要開店，每天都能賺這麼多錢！」

我之前在手機上安裝了一個遊戲，為了讓遊戲更順利，可以花 1,000 韓元購買需要的寶石，或是藉由達成簡單任務，獲得免費寶石。於是我每天固定在三個時段上線完成任務，獲得原本需要花錢的寶石，不僅能享受有趣的遊戲，還有賺到錢的感覺。

不過因為每天都按時領取寶石，結果累積的數量越來越多，都用不完，時間久了，我開始興致缺缺，想著是否該刪除遊戲，不過我每天還是都會固定執行任務，心想：「閒著幹麼？只要上線，就能賺到寶石！」

我到底在做什麼？為什麼要花時間玩失去樂趣的遊戲呢？是為了獲得寶石嗎？但寶石根本就沒有任何用途。這樣看來是不是很沒意義？

老奶奶為何要每天都賣綠豆煎餅呢？要一直賣綠豆煎餅到何時？

時間絕對不是免費的。 為了領取價值 1,000 韓元的寶石，必須利用 10 分鐘執行任務，我的 10 分鐘只值 1,000 韓元嗎？改以時薪的概念衡量後，我二話不說就刪除了遊戲。

老奶奶何時才能停止工作，過自己想要的生活？會不會是因為一直都在工作，忘記玩樂與享樂，所以覺得「閒著幹麼？反正也不知道該怎麼玩樂」？

我們之所以想成為富人或羨慕富人，多半是因為覺得他們很自由、不受拘束。他們不需要為了賺錢做自己不喜歡的事。**不需要把人生拿去交換金錢，可以為了自己而活。**

韓國有句諺語「房東站在造物主之上」，很多人的夢想都是成為房東，主要原因並不是因為想有房子，而是因為就算不工作每個月也能收到租金。夢想租金這項系統收入能超越生活開銷，過著收租金就能生活的人生。

你想要的是什麼？是富人的財產，還是富人的自由？

再回到前文出售祕方的問題，每個月能賺取 2,000 萬韓元的祕方，是否要以每月 500 萬韓元的價格出售？一開始，可能會覺得出售祕方的行為實在太瘋狂了，「每個月能賺 2,000 萬韓元，為何要以每月 500 萬韓元的價格出售？這樣不是虧損 1,500 萬韓元嗎？」

不過，這是把時間當作免費的情況。為了每個月賺 2,000 萬韓元，必須從早到晚都在廚房煮泡菜鍋，加上祕方不能對外公開，所以必須親自製作，像賣綠豆煎餅的老奶奶一樣，必須用時間換取金錢，最後把整個人生都拿去交換。

如果讓我選擇，我一定會出售祕方，賣出後就不需要工作了。如果什麼事都不用做，每個月能固定收到 500 萬韓元，順利維持生計，接下來只要做自己真正想做的事，認為值得且有興趣的事就行了。

有機會過自己想過的自由生活，幹麼要拒絕？難道要每天都過著煮泡菜鍋的日子嗎？

　　我的富人公式中沒有勞動收入，只有系統收入，因此，我會把每個月 2,000 萬韓元的勞動收入換成每個月 500 萬韓元的系統收入。

　　想成為真富人，系統收入是很重要的。你的財務報表中記錄的系統收入有多少？你在「致富練習 12」中記錄的系統收入是多少？和「致富練習 13」中的生活開銷比較後，系統收入能支應多少生活開銷？

Part 2
學習致富，
現在起步不嫌晚

第 7 章

邁向財務自由之路

◇ 為了經濟，淪為賺錢機器

我先分享自己的故事，如同前言所說，我名下沒有房子，也沒有名車，但我自認是個有錢人，理由是我的系統收入超過生活開銷。能辦到這一點的最大原因，是因為我把目標設定為系統收入＞生活開銷。

接下來我會說明設定此目標的理由和實踐方法，當然我相信每個人都過著不一樣的人生，環境也完全不同。不過如果你設定的目標和我一樣，相信我的經驗對你會有幫助。

我從小在鄉下長大，後來就讀首爾排名中上的大學。一開始的目標是想在大企業工作，雖然我對父母親說，我有在努力準備會計師考試，但其實我都在和朋友玩樂。

我 1994 年入學，當時只要能進入排名中上的大學，就不需要太擔心就業問題，只是若想進入理想的公司獲得不錯的職務，還是需要優秀的成績。

不過就在我即將畢業的 1997 年發生了金融風暴，經濟變

得相當不景氣，爺爺本來是家中經濟支柱，後來因為事業經營困難，父親作為擔保的薪資也被扣押。不久後，父親因為交通意外離世了。

我在一夕之間成為了一家之主，必須照顧生病的母親和兩個妹妹。父親薪資被扣押，而後又不幸車禍離世，且又找不到肇事者，於是我們家的經濟陷入了困境。

媽媽健康狀況不佳，我和妹妹都還是學生沒有任何收入，一家四口的收入是 0 元，身為家中長子的我應該要賺錢養家，不過卻沒有一技之長，也沒有做生意的本錢，因此十分鬱悶。想來想去，認為努力讀書取得會計證照，當上會計師，是最快改善經濟的方法，於是我開始正式準備會計師的考試。

最後終於考上會計師、進入會計事務所工作，比起增加財富，清償債務是更迫切的事。由於會計師是高年薪的職業，努力工作且認真存錢的話，相信總有一天能成為富人，因此也不用太擔心。

短暫進入職場後，我便去當兵了。復職後我努力工作，不僅感謝公司能讓我再回去，同時也對自己能繼續賺錢心存感激，不過我的經濟狀況並沒有獲得大幅度的進展。

因為會計事務所的年薪雖然比一般上班族高，但比同時期進入銀行或證券公司等金融圈的人低。雖然會計事務所的升遷制度比金融業快，薪水也會隨時間增加，不過目前僅憑「實習」會計師的年薪，根本就無法過我所期待的生活。

就在我認為不能繼續這樣下去時，聽到了有人靠投資股

票賺到錢的消息。2007 年韓國的綜合股價指數*從 1,400 點漲到 2,000 點後，大家都開始在談論股票，到處充斥著「穩賺不賠」的小道消息。

我也開始投資股票，當找到標的時，我就會以最高額度去貸款投資。不過，隨著 2008 年金融危機到來，投資也跟著賠。儘管我每天都加班拚命工作，但債務仍不斷地堆高。

◇ 一週工作 4 小時只是理想嗎？

本來我就像是和公司結婚一樣，每天只知道工作，直到 2008 年我認識了現在的妻子。

會計事務所的生活就是每天都要加班，幾乎沒有能好好休息的假日，有一次，當時還是女朋友的妻子因為想要給我驚喜，所以沒有事先跟我說，就來到我公司門口等我下班，雖然當時我有接到她的電話，但因為同事都還在加班，我沒辦法自己先下班，只能讓她在外面等我。

妻子沒有怨言，她說是自己的錯，沒有事先通知就自己跑來，她說會在咖啡廳邊看書邊等我。她從晚上 7 點開始等，等到咖啡廳關門了，她就換到其他地方繼續等。直到凌晨 1 點了，仍沒有人想要下班，最後我對組長撒謊說：「母親在浴室

---

* 綜合股價指數是韓國交易所的股票指數，由交易所內所有股票價格來計算。

滑倒送去急診」，才終於能下班去找妻子。

　　當我說要去醫院看母親，組長則回答我：「母親受傷也是沒辦法的事……不過你今天提早離開，明天早上 6 點就要來上班喔。」我開始對工作有所懷疑，我是為了什麼過著如此忙碌的生活？我要一直當工作機器到什麼時候？

　　當時，我會抽空閱讀提摩西・費里斯（Timothy Ferriss）的《一週工作 4 小時》（The 4-Hour Workweek），指過一週只工作 4 小時的生活。對每天工作時數 14 小時的我來說，根本就是天方夜譚，而且費里斯主張的 4 小時並非一天 4 小時，而是一週 4 小時。真的有一週只工作 4 小時的生活嗎？

　　對我來說，一週只工作 4 小時是不太可能的事，但希望至少能學到一天只工作 8 小時的生活方式，於是我便閱讀了這本書，內容真的非常有趣。

　　費里斯說，試著去思考如果工作時間減半，成果會降低多少？每天 8 小時的工作如果減為 4 小時，成果也會降低 50％嗎？其實 8 小時中有相當多的時間都不具生產力，例如，等待主管的指示、和同事聊天、瀏覽網頁等。

　　如果太快完成工作，主管就會一邊稱讚，一邊分派其他的工作，所以根本就不需要太快完成。如果要在 4 小時內完成 8 小時的工作，其實也並非不可能，雖然成果會稍微差一點，但只會差 20％左右。

　　費里斯主張，工作時間減少了 50％，若是成果只降低 20％，就能和公司協商，要求上班時間減半，但薪資維持原本七

成。對我來說，只投入 50％的時間就能獲得 70％的薪水，其實並不吃虧。

如果每天分別在兩間公司上班 4 小時，就能獲得 140％的薪資；公司能以 70％的薪資獲得 80％的成果，也不吃虧。公司雇用兩名工作 4 小時的員工也會更具效率，這樣的方式不僅有效，業務也會趨向自動化，薪水提升後，每週就算只工作 4 小時，反而能賺更多的錢。這是費里斯的經驗談。

看完書後，我想試著運用在生活中，畢竟閱讀也是為了解決生活難題，不過書中的方式似乎很難運用在我的工作上。前往公司審計財報時，似乎無法說：「我只審計到上午，中午就要下班」，會計事務所的業務不管是審計或諮詢，都是以小組為單位進行的，當組員全都在辛苦工作時，我卻說只工作 4 小時，連我自己也無法接受。專案結束前，全組只能一起忙碌奔波，這就是我的工作、我所屬的職場。

不過仔細想想，我其實有能獨自完成的工作，也能依照工作量要求酬勞，那就是授課！

我把自己在會計事務所的業務分為三大項 —— 審計、諮詢與授課。授課不需要以小組為單位進行，自己能獨立完成，再加上授課薪水是以時薪計算，可根據工作時數計薪。待在會計事務所根本就無法每天只工作 4 小時，而且不在會計事務所工作的話，獨自一人也無法完成審計與諮詢，但是授課卻能實現這項夢想。

隨著授課業務增加，公司便決定成立專門負責授課的部

門，於是讓我在諮詢與授課中選擇一項負責，我二話不說就選擇了授課。

工作狂的我專注辦理授課與教育訓練，後來創造出不錯的成績，也累積了不錯的講師名聲。三、四年後我離開公司了，所幸許多人繼續聘請我擔任講師，身邊的人也幫忙推薦我。

一般來說，獨立講師的酬勞會比在會計事務所上班的講師還低，不過經過不斷努力後，我的講師費反而比會計事務所的講師更高，我追求的夢想終於實現了。

一週只上課 4 小時，比在會計事務所時的年薪更高！

剛開始閱讀《一週工作 4 小時》的前言時，我認為那根本是天方夜譚，但我竭盡所能尋找方法實踐，終於在 5 年後達成目標了。我一週只上課 4 小時，但薪水比以前更多，我實現夢想了！

◆ 拚命工作，獲得高所得的代價

雖然我變成一週只工作 4 小時，但事實上我卻不能只工作 4 小時，畢竟無法保證客戶會一直聘請我。我的客戶主要是金融業者，特別是證券公司，因為當時證券業很流行製作財報，之前也曾掀起一股學習 K 線圖的熱潮，不過當技術分析的效用不大時，業界就開始重視財報分析了。

但財報分析也有可能像之前的技術分析一樣，熱潮不知道

什麼時候就會突然消退，且因為這不是常態型課程，無法與客戶簽訂長期契約，再加上隨時都會出現競爭者，如果出現更厲害的講師，就有可能會被取代。

俗話說「水來時就划槳，打鐵要趁熱」我本來以為只要辛苦 10 年就好了，10 年後花 1 億韓元買一間房過收租金的生活（見圖 7-1）。

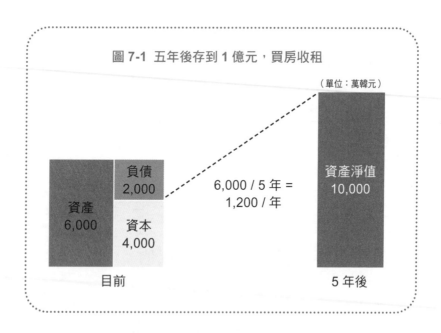

圖 7-1 五年後存到 1 億元，買房收租

（單位：萬韓元）

資產
6,000

負債
2,000

資本
4,000

6,000 / 5 年 =
1,200 / 年

資產淨值
10,000

目前

5 年後

我試著在房屋網站上尋找符合自己條件的房子，就算需要貸款也無所謂，我計算了扣除貸款後需要的投資淨額，和目前的資產淨額比較後，每年該增加多少資產淨額，再考慮到生活開銷，實際該賺取多少收入。計算後發現，每個月必須上 100

小時的課才能達成目標。

　　於是我每個月都上了 100 小時的課！我配合客戶想要的主題或對象，什麼課程都接，偶爾也會連續上課 12 小時，或者一個月有 26 天都在上課。我還會投稿到報社、參加電視節目，雖然帳戶裡的錢開始慢慢增加，但我的壓力也逐漸變大，好幾次因為實在太累了，回家後竟然直接在沙發上睡著。

　　這樣的生活模式過了許久，有一天，我突然無法發出聲音！

　　講師的時薪雖然高，體力的消耗與承受的壓力相對地也比較大。編製上課內容、製作與企畫教學課程都相當累人，長時間站在講台上受到無數目光關注，也不是件輕鬆的事。

　　連續 8 小時都有數十個人專心聽你說話，你能大喇喇地伸懶腰或打嗝嗎？更別說如果身體不舒服、腹瀉該怎麼辦了。因此，我上課前都相當謹慎，前一天也避免吃偏辣的食物，後來因為每天都要上課，我就突然變得沒辦法吃辣了。

　　上課有點像是在演獨角戲，雖然體力消耗無法和演員相提並論，不過舞台劇一次不會超過 2 小時，授課卻要進行 8 小時。

　　偶爾會遇到公司要求延期或取消，通常聯絡人都會表示抱歉且顯得不知所措，但收到通知時，我都會開心得彷彿要飛上天一樣。

　　有些男生會夢見要再去當兵，從夢中醒來時都會覺得心情很糟，同時也會慶幸只是在做夢；而我的噩夢是夢見自己在上課，如果夢見自己搞砸課程或上課遲到，醒來時也都會覺得鬆了一口氣，慶幸是在做夢。

但有一天噩夢真的發生了，我上課到一半突然聲音變沙啞，明明 10 分鐘前聲音還很宏亮，但喉嚨卻突然像是套住塑膠袋一樣，只能發出沙啞的聲音，台下學生也全都嚇了一跳。

我聲帶結節了。醫生告誡我兩週內都不能使用喉嚨，就算已經可以發出聲音，也要至少好好休養一個月才行。我逼不得已只好取消一個月的課程。

痊癒後，我又開始超過 100 小時的課程，不到半年，我再次出現聲帶結節！

◆ 擺脫潛意識的金錢焦慮

後來，我每隔一段時間就會無法正常發出聲音，1 年至少會停課 1 次以上，如果稍微逞強或是連續兩、三天上課，喉嚨就一定會發生狀況，因此我需要想辦法克服。

後來我在因緣際會下接受了心理諮商，諮商師對我說：「你的父親比較早過世，可以詳細說一下當時的情況嗎？」

聽完我的回答後，諮商師點頭說：「你的責任感非常強，甚至讓『責任』占據了你全部的人生，我本來很好奇你為何要把所有的責任扛在自己的肩上，現在我終於能理解了。經歷父母早逝的人不少，不過大部分的離別都是有準備的，就算是罹患癌症，也會經歷手術與照顧的過程，同時也能做好心理準備，但你和父親卻沒有這樣的過程，你是突然接到噩耗，承受

巨大打擊，同一時間你也變成了一家之主，要肩負起家中困難的經濟狀況。

「這樣的經歷讓你在無形中產生了強烈的意識 ── 人隨時都可能會發生意外或是面對離別，但你不想不負責任地離去。這樣的想法已經在你的潛意識根深柢固，你不想和父親一樣突然離去，留下許多問題。你這麼想雖然是好的，但反而給自己太大壓力。」

直到那時我才終於明白，當聲帶出現結節時，我本來認為「不能再逞強了，以後要減少課堂數」，但回到崗位後，我卻反而接了更多的課。我的潛意識一直認為「總有一天我的聲音會變沙啞，到時候就無法上課，因此要盡可能趁早多賺一點錢」。

其實聲帶第一次出現結節時，我的身心都很放鬆。雖然我匆匆忙忙取消或延後行程、忙著尋找代課講師，但因為短時間內不需要上課，我其實是很開心的，心想就算一、兩個月沒上課，經濟上也不會造成太大的問題，就算一年只工作三個月，賺到的錢還是比上班族的年薪高，生病了就順便休息，休息的那一個月還可以去旅行。

不過心中卻湧入了一股不安，我本來想要成為明星講師，然後買下一間房子，成為有錢人……**但因為沒有上課，隔月存摺內存入的金額是 0 元！**

不管目前的財產有多少，收入是 0 讓我相當害怕，思緒變得很複雜，心情也很鬱悶。

心想：「如果我沒上課，家裡收入就是 0 元。」「講師的生活能持續到什麼時候？」「如果是自己選擇不要就算了，但如果想上課，卻沒有人找我，那就糟透了！」「我的體力會越來越差，新的競爭者卻會不斷出現！」「可以做的時候就該做好做滿，打鐵趁熱！」

因為心裡充滿不安，當我的聲音恢復正常後，反而接了比以前更多的課程，結果造成聲帶反覆出現結節的惡性循環，就像是明知道去抓傷口就會惡化，卻還是忍不住去抓一樣。我不想再繼續這樣下去了。

該怎麼做才能擺脫這個惡性循環？

◇ 任何事都用時薪衡量的扭曲價值觀

本來覺得就算累也要忍耐，依照原本的計畫，辛苦 10 年後就能提早退休。不過回顧這段日子，薪水增加的同時，也產生出一些扭曲的價值觀，擔心再這樣下去，會對生活造成嚴重的影響。

剛開始會把工作 4 小時設定為目標，是因為想要悠哉地享受剩下的時間。就算不是一週 4 小時，一天工作 4 小時，也能充分過著更從容與豐富的生活。

只要上午工作 4 小時，下午可以享受個人時間或從事休閒活動，晚上則和心愛的人一起共度，有比這還要更棒的生活嗎？

不過當一週真的只有工作 4 小時，卻發生了出乎意料的狀況。

　　為了減少工作時數、賺取更多的錢，就只能想辦法提高時薪。我必須捨棄每小時只賺 1 萬韓元的工作，專注於每小時能獲得 2 萬韓元的工作。我會選擇授課，是因為我在會計事務所負責的業務當中，授課的時薪是最高的；會選擇為金融業授課，是因為相較於一般產業，金融業會更明白我授課的價值，也會願意支付更高的酬勞。

　　因為只專注於高時薪與能賺錢的工作，久而久之就變成以時薪的多寡當作決定的標準。

　　有一個笑話是「就算看見路邊有 100 美元，比爾・蓋茲（Bill Gates）也不會撿起來。」這句話的意思是，因為比爾・蓋茲每秒賺的錢超過 100 美元，如果把那 1 秒用來撿 100 美元，反而不划算。雖然是笑話，不過從邏輯上來說卻也很合理。

　　我第一次搬家時，因為只是搬到步行約 5 分鐘路程的地方，也沒有大型的家具，因此選擇比較便宜的自助搬家，搬家當天我也必須空出一整天的時間幫忙。就算家具少，但搬家其實是件不容易的事，結果辛苦忙了一整天，我隔天就累倒了。

　　本來選擇自助搬家是為了省錢，沒想到反而花了我兩天的時間，省下的錢還不及我的時薪，仔細想想，不如一開始就選擇代客搬家。

　　明明用 1 小時就可以解決，我卻反而花了兩天的時間，這是多麼愚蠢的行為？

　　從那時候開始，我就養成習慣，依照我的時薪作為判斷是

否要親自去做的標準。

岳母說家裡陽台的水龍頭壞了，叫我有空去幫忙修理，雖然岳母說：「自己買材料裝上去比較便宜，幹麼要花大錢找人來修理」，但與其叫我去一趟，不如找水電師傅去修理會更好，因為我的時薪更高，與其花時間去修理水龍頭，不如把時間拿去上課，會是更合理的選擇*。

家人說要找一天去掃墓，站在我的立場，我同樣認為付錢請人去清理比較合理。開車來回超過 8 小時，加上還要清理雜草，總共需要消耗兩天的時間，與其親自去，還不如付錢找人清理會更划算，況且週末如果不好好休息，我根本就沒有體力撐過接下來幾天的課程。

就算 1 小時要支付 20 萬～ 30 萬韓元，我通常還是會委託他人，因為我的時薪更高，這樣才符合經濟效益，難道要因為這些事浪費我寶貴的時間嗎？

我始終認為用這種衡量方式較合理且符合經濟效益，不過這樣的方式卻產生了嚴重的問題。我和太太很晚才生下第一個孩子，有一天，太太說孩子想和我一起玩，希望我週末挪出一小時陪小孩。

但我時薪這麼高，為什麼要叫我陪小孩玩呢？與其挪出一天的時間陪小孩，不如上一天的課，利用那筆薪水讓孩子有更

---

* 經濟學把這稱為「比較利益」，指一個國家生產某物的機會成本較別國低時，即擁有「比較利益」。

好的生活，把小孩交給比我更懂得玩的專家不是嗎？

我就這樣變成了賺錢機器。

我本來是為了能陪伴孩子、為了減少工作時間，才會想提高自己的時薪，但現在我的薪水增加了，卻沒辦法挪出時間陪伴孩子。我被困在一個矛盾的牢籠中，因為不想浪費時間，所以把時間換算成金錢，結果卻演變成只對賺錢感興趣，空閒時也無法好好享受和家人的旅行，我該如何擺脫這個牢籠呢？後來我從書本中獲得了幫助。

◁▷ 打造被動收入系統換自由

有一天，我看了美國企業家 MJ・狄馬哥（MJ DeMarco）的《快速致富》（*The Millionaire Fastlane*），狄馬哥在這本書中強調了時間的重要性，同時也強調了「被動收入」的重要。

為了達成一週只工作 4 小時的目標，我專注於提高自己的時薪。我不停思考提高時薪的方法並多方嘗試，發現能讓每小時報酬率達到最高的方式，就是讓投入的時間為「0」。

如下頁表 7-1，B 的酬勞少於 A，C 和 D 的酬勞雖比 B 少，不過以時薪來看卻比較高。B 需要投入 2 小時才能獲得 50 萬元，而 D 雖然只有 5,000 元，但卻不需要投入任何時間。

表 7-1 不用投入時間就能獲得收入，最具效率

項目	A	B	C	D
酬勞（元）	1,000,000	500,000	100,000	5,000
投入時間（小時）	10	2	0	0
時薪（元）	100,000	250,000	∞	∞

事實上沒有不用花時間的工作，就連收房租也是。房租看起來像是被動收入，不過在找到租客後，仍須投入管理時間。總之，如果投入的時間能變成 0，勞動價值就會變成無限大。因此，我決定要創造不需要投入勞力的系統收入。

就算我擁有更高的時薪，但若是沒有上課，收入就會變成 0。如果突然發生意外，導致無法上課呢？如果喉嚨又發生問題該怎麼辦呢？腦海中不斷浮現一連串的擔憂，對未來充滿不安。

不過，如果能創造出系統收入就不需要擔心。就算我的健康亮起紅燈也會有收入，就算我沒有待在國內也能賺錢，甚至就算我發生意外，我心愛的家人也不會陷入困境。

華倫‧巴菲特曾說：「**如果你沒辦法在睡覺時也能賺錢，你就必須工作到離世的那一天。**」我差一點就成為這樣的人。

我第一次告訴自己要創造系統收入時，財務狀況表中的系統收入是 0，該怎麼做才能創造出系統收入呢？就算不工作也能有錢嗎？這真的有可能達成嗎？該用什麼方法呢？

買房子收租金聽起來不錯，不過我卻沒有資金*。以我目前的經濟狀況，能創造的系統收入是什麼呢？經過一番思索，我終於想到了方法。

我在課堂上經常引用一項事例，是羅蘋·威廉斯（Robin Williams）《好設計，4 個法則就夠了》（*The Non-designer's Design Book*）書中的內容。威廉斯小時候收到的植物圖鑑中，有一棵外觀奇特、引人注目的樹，那棵樹的名稱是約書亞樹（Joshua tree）。他發誓自己從未見過那樣的樹，因為外觀實在太特別了，如果見過絕對不可能會忘記。他心想自己總有一天一定要親眼見到那棵樹。

隔天，他在上學的途中，發現幾乎家家戶戶都有約書亞樹！在知道那種樹叫約書亞樹之前，就算每天見到也認不出來，知道後，不管走到哪都能認出。我同樣也是如此，在具備「系統收入」概念之前，我本來認為根本不可能辦到，現在則隨處都能發現創造系統收入的方法。

我最先實行的方法就是「出售祕方」。數年前就有人向我提議出書，但我一直遲遲沒有付出行動，一方面是忙著上課，另一方面是認為報酬率不高。出書至少要花兩個月以上的時間，但版稅的收入根本就無法和上課兩個月賺的錢相提並論。

投資類或會計類的書只要銷售 1 萬本就是暢銷書，不過銷售 1 萬本獲得的版稅比上課一個月的薪水還少，這樣我還要寫

---

* 直到那個時期，我也還和大部分的人一樣，認為投資不動產需要龐大的資金。

書嗎？

更大的問題是可能產生競食效果（cannibalization）[*]。我決定寫書時，老婆對我說：「怎麼可以把上課內容寫成書呢，這樣還有人要上課嗎？」

換作是以前的話，我一定會猶豫，但把上課內容寫成書，並不代表未來就無法上課，只是上課賺的錢已經很多了，根本就沒理由刻意出書賺錢。不過我還是決定寫書了。我決定要出售祕方了！

如果繼續上課，就能賺更多的錢，但那並非系統收入。若是想要持續賺錢，就必須治療聲帶結節，而且每天要上課 8 小時，如同為了守住祕密配方，必須一整天待在廚房裡煮泡菜鍋。相較之下，寫書獲得的版稅是系統收入，剛開始寫書的期間必須投入勞力，但寫完後，不用再投入勞力就能獲得收入，就算躺在南太平洋的海邊度假也能獲得版稅。

於是我開始以這樣的方式創造系統收入。現在我擁有許多系統收入，有每個月超過 100 萬韓元的系統收入，也有一個月 2 萬韓元的系統收入。或許有人會說：「每個月 2 萬韓元？那一點錢能做什麼？」系統資產只要創建後，就會一直有錢流入，不等同於時薪 2 萬韓元，每天工作 30 個小時。

不過，帶來 2 萬韓元的系統資產卻可能增加至 300 個。假

---

* 公司推出新產品蠶食子公司產品市占率的現象。這裡是指出書影響報名上課的人數。

設現在一個月創建一個 2 萬韓元的系統資產，1 年就是 12 個，10 年就是 120 個，每個月就有 240 萬韓元！經過持之以恆地努力，**現在我的系統收入已經超過生活開銷，我現在是有錢人了！**

◆ 成為真富人，做自己人生的主人

　　成為真富人後，外表看起來沒有任何改變，如同前言所說，我名下依舊沒有房子、沒有名車，也沒有全身名牌或是每天去飯店吃飯。在附近鄰居眼中，反而像是遊手好閒的爸爸，小孩上幼稚園時，我負責接送上下課，平常白天則坐在咖啡廳看書，鄰居看見我在草地上陪孩子玩耍，還小心翼翼地問太太說：「妳老公從事哪一行呢？」

　　老婆雖然都回答說是會計師，不過事實上，我早在很久前就沒再碰會計審計、記帳、稅務調整等業務了。與其說我是會計師，說是自由工作者更恰當。

　　雖然太太交代我外出時要注意一下穿著，不要穿得太休閒，但我覺得那根本就沒什麼大不了，因為我確實是遊手好閒沒錯；反而是成為真富人之前，因為忙著四處奔波賺錢，所以經常都穿著西裝，看起來比較像是有錢人。

　　如今真的成為有錢人了，反而看起來像是「沒錢人」。但真正改變的並非外表，而是其他地方。

　　相較於 4 年前，我的勞動收入減少了超過 60％，加上系統

收入後的總收入共減少了將近30％，不過，4年前我並不是真富人，現在的我才是。4年前我的系統收入是0元，但現在已經超越生活開銷，就算沒有房子和名車，我也能稱為是有錢人了。

勞動收入雖然減少了超過一半，但我卻反而成為了真富人，生活也變得更有餘裕。付出勞力賺錢的時間比4年前減少了超過70％，如果我想要的話，隨時都能到國外待上幾個月或1年，生計也不會造成太大問題。

我不需要為了賺錢而刻意做某件事，但45歲的年紀還無法去老人活動中心和長輩們一起下棋，所以我一直在尋找有趣的事情。

本書出版後，我大概已經搬到濟州島了，當我宣布自己要去濟州島買地定居時，周遭的人全都異口同聲說：「在濟州島要靠什麼維生？」

相信閱讀本書的你不會提出相同的問題，你應該已經知道答案了？是系統收入！

系統收入若是超越生活開銷，實現了富人公式，生活的地方就不再受到拘束，即便我在濟洲島住幾年後改變心意，到時候只要搬家就行了，可以搬回首爾，或是移民到國外，只要有系統收入存入帳戶就可以了。

成為真富人後的好處是，我可以思考自己真正想做的事。一直以來，就算有真正想做的事，我始終擔心著：「光靠那樣能維生嗎？」

如今生計煩惱已經交給系統收入解決了，現在我只要做自

己真正想做的事就行了，即使那份工作一個月只能賺 100 萬韓元或是 10 萬韓元也無妨，就算賺不到錢，還有能維生的系統收入，錢不會是問題，工作能帶給我多少喜悅與價值才是我唯一關心的事。

最近和小孩一起玩桌遊後我突然有個想法，我想要製作能傳授小孩富人公式的桌遊，應該會很有趣吧。聽到我談起這件事的人都反問說：「製作桌遊能賺多少錢？那樣能讓你維持生活嗎？」。

那種問題對我來說已經毫無意義了，我已經成為人生的主人了！

第 8 章

打造被動收入成為真富人

◆ 只靠薪水無法成為真富人

透過前文「致富練習 12」與「致富練習 13」記錄了系統收入與生活開銷，你的系統收入是否大於生活開銷？我猜大多數人都和幾年前的我一樣。**系統收入是 0 元！**

我不認為上班族無法變有錢，就算是領月薪也有機會成為富人，關鍵在於能否用薪水創造系統收入。這也是我想透過富人公式轉達的訊息──**只靠月薪是無法成為富人的！**

唯有利用月薪創造系統收入，獲得系統收入後才能成為富人。若必須一直依賴薪水，就只能一直工作到生命的盡頭。其實只領薪水也是有辦法成為富人，前提是年薪必須要很高，如果能存到退休後也花不完的金額，也能稱得上是富人不是嗎？

假設運動選手年薪 5 億韓元，每年存 2 億韓元，持續 20 年就是一筆可觀的數字。但能讓選手持續 20 年運動生涯的體育項目不多，也幾乎沒有選手的平均年薪能達到 5 億韓元，況且扣除稅金或保險，實際年薪只有 3 億韓元左右，每年要存 2

億韓元絕非容易的事。

如果 20 歲開始選手生活，40 歲時存到 40 億韓元，之後每年就算花 1 億韓元也能花 40 年，也就是可以靠薪資所得活到80 歲。連續 20 年年薪 5 億韓元，也就是說總共要賺到 100 億韓元才能達成此目標，**對一般人來說不太可能**！

大多數人都想過著悠閒的退休生活，理財目標也都會將退休納入規畫。隨著高齡化社會到來，金融機關或財務規畫師提供理財計畫時，大部分都是從退休後需要多少錢開始著手，評估退休需要的資金後，再推薦合適的商品。如果不是高年薪的職棒選手，一般人至少需要存到多少退休金？光憑薪水是否能辦到？

根據韓國保健福祉部分析的〈2019 OCED* 保健統計〉來看，韓國人的平均壽命是 82.7 歲，不過這並不適用每個人，而是 2019 年出生者的平均壽命，其後出生的人平均壽命則會比較短，在此先假設目前韓國人民的平均壽命為 80 歲。

那平均退休年齡是多少呢？三星生命 ** 退休研究所每兩年會提出退休白皮書，內容指出，一般人期望的退休年齡是 65歲，實際上的退休年齡則是 57 歲，絕大多數都是由於健康問題（33％）與勸退（24％）等非自願性的原因提早退休。調查指出，退休後需要的最低生活費用是每月 198 萬韓元（約新台

---

* OECD 是經濟合作暨發展組織，擁有三十多個會員國，多為先進國家。
** 韓國最大的人壽保險公司。

幣 4.95 萬元），如果想過著更有餘裕的生活則需要 290 萬韓元
（約新台幣 7.25 萬元）。

綜合兩項資料來看，如果 57 歲退休活到 80 歲，退休的
生活就有 23 年。23 年需要的最低生活費是 198 萬 ×12 個月
×23 年 = 5 億 4,648 萬韓元（約新台幣 1,366 萬元）。如果目
前 30 歲，距離退休還有 28 年，每年都必須存 1,952 萬韓元
（約新台幣 48.8 萬元），才能維持退休生活。

這是以最低程度的生活費計算，假設退休後想過較從容的
生活，則需要 8 億 40 萬韓元（約新台幣 2,001 萬元），連續
28 年每年都必須存 2,859 萬韓元（約新台幣 71.5 萬元）（見表
8-1），也就是每個月 238 萬韓元（約新台幣 5.95 萬元）！

表 8-1　每年需要存的退休金

	最低生活費水準	有餘裕的生活水準
需要的金額	5 億 4,648 萬韓元	8 億 40 萬韓元
工作時間	28 年	28 年
每年需要存的金額	1,952 萬韓元	2,859 萬韓元

韓國統計廳公布的「家計金融福祉調查」，依照所得排
名把家庭分成 5 級 *，以 2018 年第 3 級家庭庭例，平均所得是

---

* 2019 年台灣家庭平均所得，第 1 級是 35 萬、第 2 級是 64.5 萬、第 3 級是
　91.1 萬、第 4 級是 125.4 萬、第 5 級是 213.8 萬。

4,464 萬韓元，若是想存 1,952 萬韓元順利退休，生活費必須控制在 2,515 萬韓元（每月 209 萬韓元）。

實際上，第 3 級家庭的消費支出是 2,459 萬韓元，因此應該能達成目標。不過，家計支出還有非消費支出，包含稅金、國民年金、保險、孝親費或是婚喪喜慶等支出，以及貸款利息等平均金額是 712 萬韓元。最後剩下能儲蓄或投資的金額是 1,293 萬韓元（4,464 萬 - 2,459 萬 - 712 萬）。

如果想過更寬裕的退休生活，每年要存 2,859 萬韓元，1 年的生活費必須控制在 1,605 萬韓元以內（4,464 萬 - 2,859 萬），如此一來，每個月只能花 134 萬韓元，這絕非一件容易的事。

見表 8-2，假設你的所得屬於第 3 級萬韓元，就很難存到足夠的退休資金。至少要達到第 4 等級的 6,825 萬韓元，才能存到最低程度的生活費；如果達到第 5 等級的 1 億 3,521 萬韓元，就能有更寬裕的退休生活。

不過，就算是第 5 等級，還不能完全放心因為我們假設的是努力工作到 57 歲就能退休的情形，且連續 28 年每年都存 2,859 萬韓元，換句話說，30 歲到 57 歲的平均所得必須超過 1 億韓元。

有一個好消息，前面計算的非消費支出包含了國民年金。國民年金領取的金額可在退休生活費中扣除。根據韓國《聯合新聞》2019 年 10 月 22 日的報導指出，國民年金領取者平均金

額是每月 52 萬 3,000 韓元 *，雖然這樣每年要存的錢可減少 500 萬韓元，但卻不足以讓全體國民變成富人。

　　隨著各種統計數值出現後，計算也變複雜了，簡單來說就是「捨棄靠存月薪成為有錢人的想法！」

表 8-2 韓國各級距的家庭所得與支出

（單位：萬韓元）

所得等級	第 1 級	第 2 級	第 3 級	第 4 級	第 5 級
家長年齡	65.7 歲	55.1 歲	51.4 歲	50.0 歲	50.7 歲
經常收益	1,057	2,655	4,464	6,825	13,521
消費支出	1,006	1,787	2,459	3,165	4,580
非消費支出	141	388	712	1,126	2,817
差額	（-）90	480	1,952	2,534	6,124
累積最低生活費（1,952 萬）	✕	✕	✕	○	○
累積寬裕的生活費（2,859 萬）	✕	✕	✕	✕	○

---

* 台灣國保老年年金分 A、B 兩式：
　A =（月投保金額 × 國保年資 ×0.65％）+ 3,772 元
　B = 月投保金額 × 國保年資 ×1.3％

◆ 存款利息趕不上通膨的速度

　　應該沒有人會把所有現金放在家裡，畢竟把錢存入銀行，就能靠複利累積更多錢。不過，因為通貨膨脹的關係，即便存款增加了，但實際上我們需要的退休金會更多。

　　根據韓國統計廳 2018 年的資料顯示，消費者的物價上漲率是 1.5％，韓國銀行的標準利率是 1.5％～ 1.75％，從這一點來看，就算把錢存在銀行，也不會有太大幫助。

　　利息屬於系統收入，即不用做別的事，就能定期領到錢，不過如同前文提過的，目前最大的問題就是利率太低了！

　　2019 年 10 月，韓國銀行 * 的利率已經降到 1.25％ **，其他銀行利率最高是 1.80％，儲蓄銀行的利率則有 2.70％，如果不考慮配息方式或稅金，每個月若是想獲得 100 萬韓元的系統收入，需要存在一般銀行的金額是 6 億 6,666 萬韓元（約新台幣 1,667 萬元）；儲蓄銀行則需要存 4 億 4,444 萬韓元（約新台幣 1,111 萬元）。

　　如果每個月想獲得 300 萬韓元的系統收入，就必須存約 20 億韓元。假設個人的生活開銷每個月約 300 萬韓元，若能存到 20 億韓元，全部放在銀行領利息也是可以。

---

* 韓國的中央銀行。
** 台灣銀行 2021 年的活期存款利率是 0.04％。

表 8-3 依照利率與系統收入目標，計算需存入的金額

（單位：韓元）

系統收入　　利率	1.80%	2.70%
1,000,000	666,666,667	444,444,444
2,000,000	1,333,333,333	888,888,889
3,000,000	2,000,000,000	1,333,333,333

　　如果有足夠資產，而且無法承擔風險，利息會是不錯的系統收入選擇。根據 2019 年 10 月韓國的國政監察*資料指出，存款超過 100 億韓元以上的帳戶有 779 個**（這 779 個人應該不太可能閱讀本書）。

　　如果計畫從現在開始存 20 億韓元，需要多少時間？假設 1 年存 1 億韓元，一個月就是 8,333,333 韓元，需要 20 年；一個月存 300 萬韓元就需要 55 年；每個月若只存 100 萬韓元就需要 166 年。

　　聽起來一輩子都不可能辦到，每個月要存 100 萬韓元是多麼困難的一件事，相信嘗試過的人都很清楚。如果想只靠存款利息就成為富人，還不如放棄，當個 YOLO 族†，及時行樂。

當銀行利率為 10％時，才有可能靠利息達成富人公式，1980 年代，相較於物價上漲率，利率升高了將近 2 倍。如果是那樣，利用複利效果就能成為富人。不過，目前利率調降至 1％左右，因此就該改變想法。假設你還沒有累積足夠的資產，銀行利率絕對不是值得推薦的系統收入。

如同前文說過的，因此我把利息分類在預置資產。考慮到通貨膨脹，存款利息不能算是良性資產。

儘管如此，還是有許多人選擇把錢存到銀行領利息。根據韓國《etoday》報導指出，18 個銀行的個人存款金額總共達到 623 兆韓元（約新台幣 15.6 兆元）。

不過，你應該不會因為害怕風險就放棄成為富人吧？如果 1 年無法存 1 億韓元，就該尋找其他成為富人的方法，即使需要承擔一點風險。

✓ 報酬率 6％的魔法

計算平均壽命與退休年齡後，以每月生活費來推算需要準備多少退休金？計算的方法相當複雜，況且人生充滿許多不確定性，無法保證能一直工作到 57 歲，也不確定是否只會活到 80 歲，如果不小心活到 100 歲，剩下的 20 年要靠什麼？

最好的方法就是創造系統收入。三星生命退休研究所的調查結果顯示，退休後的基本生活費是 198 萬韓元，如果想過得

寬裕一點就需要 290 萬韓元。假設現在退休後的基本生活費是 200 萬韓元，想過得寬裕一點則需要 300 萬韓元，如果能創造大於以上金額的系統收入，無論何時退休都無所謂，就算活的比預期還久，也能充分享受悠閒生活。

見表 8-4，如果能創造出 6% 報酬率的系統資產，只需要 4 億韓元就能退休；如果能創造 8% 的報酬率，只要 3 億韓元就夠了。如果想過寬裕的退休生活，分別需要 6 億韓元與 4.5 億韓元。

表 8-4　報酬率與目標系統收入所需的資產金額

（單位：韓元）

報酬率 系統收入	1.80%	2.70%	6.0%	8.0%
2,000,000	1,333,333,333	888,888,889	400,000,000	300,000,000
3,000,000	2,000,000,000	1,333,333,333	600,000,000	450,000,000

很多人大概會問哪裡有報酬率 6% 的資產？如果你有承受風險的勇氣，就一定能獲得。如果成功找到能獲得 6% 或 8% 報酬率的系統收入，會怎麼樣？

當資產的報酬率超過銀行利率，變成 6% 與 8%。第 3 級家庭每月平均所得 4,464 萬韓元，扣除消費支出 2,459 萬韓元與非消費支出 712 萬韓元後，一年可存 1,293 萬韓元，也就是如果每個月存 100 萬韓元，還會剩下 93 萬韓元。當一個月投資 100 萬的系統資產時，不同報酬率與時間會創造出多少的系

統收入？

　　對照表 8-3、8-5 可以看出各種結果。當報酬率與銀行利息 1.80％時，若是要創造 200 萬韓元的系統收入，需要的系統資產是 1,333,333,333 元，大概要 62 年才能達成目標，也就是必須待在職場 62 年才能退休；如果套用儲蓄銀行的利率 2.70％，則是需要 388,888,889 元，41 年的時間。

　　不過如果能創造 6％的報酬率，時間就會縮短為 19 年，等於就算是 30 歲才開始工作，48 歲就能退休；如果是 8％的報酬率，43 歲時就可以退休。如果想創造每月 300 萬韓元的系統收入，讓生活更有餘裕的話，分別只要再工作 5 年與 4 年就可以了。

　　想創造出每月 300 萬韓元的系統收入，靠銀行利息需要 78 年的時間；如果能創造出 6％的報酬率，只需要 24 年，足足縮短了超過 50 年的時間，等於是大大縮短了工作時間。

　　提高報酬率就能大幅縮短工作時間，彷彿獲得了新生命，就像是有第二次人生！

　　如果想靠 1.80％的報酬率在 19 年內存到目標金額 1,333,333,333 元，每個月就必須存 500 萬韓元。報酬率 6％並非容易的事，不過比每個月要存到 500 萬韓元更容易。家庭所得第 5 級的經常收入是 1 億 3521 萬韓元，每年能存 6,124 萬韓元，大約是每月 500 萬韓元。換句話說，年薪 1 億 3,521 萬韓元的人把錢存在銀行，和年薪 4,464 萬韓元創造出 6％報酬的人，其實一樣有錢。

表 8-5 每月投入 100 萬後的報酬率

（單位：韓元）

報酬率 年（個月）	1.80%	2.70%	6.0%	8.0%
1(12)	12,099,497	12,149,619	12,335,562	12,449,926
2(24)	24,418,590	24,631,369	25,431,955	25,933,190
3(36)	36,961,266	37,454,327	39,336,105	40,535,558
4(48)	49,731,581	50,627,822	54,097,832	56,349,915
5(60)	62,733,669	64,161,436	69,770,031	73,476,856
6(72)	75,971,734	78,065,014	86,408,856	92,025,325
7(84)	89,450,060	92,348,669	104,073,927	112,113,308
8(96)	103,173,008	107,022,791	122,828,542	133,868,583
9(108)	117,145,017	122,098,054	142,739,900	157,429,535
10(120)	131,370,607	137,585,424	163,879,347	182,946,035
11(132)	145,854,381	153,496,168	186,322,629	210,580,392
12(144)	160,601,025	169,841,857	210,150,163	240,508,387
13(156)	175,615,309	186,634,383	235,447,328	272,920,390
14(168)	190,902,091	203,885,960	262,304,766	308,022,574
15(180)	206,466,316	221,609,137	290,818,712	346,038,222
16(192)	222,313,021	239,816,807	321,091,337	387,209,149
17(204)	238,447,331	258,522,213	353,231,110	431,797,244
18(216)	254,874,467	277,738,962	387,353,194	480,086,128
19(228)	271,599,743	297,481,032	423,579,854	532,382,966
20(240)	288,628,570	317,762,784	462,040,895	462,040,895
21(252)	305,966,457	338,598,972	502,874,129	502,874,129
22(264)	323,619,014	360,004,751	546,225,867	546,225,867
23(276)	341,591,951	381,995,692	592,251,446	592,251,446
24(288)	359,891,084	404,587,791	641,115,782	641,115,782
25(300)	378,522,332	427,797,483	692,993,962	692,993,962
⋮	⋮	⋮	⋮	⋮
41(492)	727,061,018	898,448,598	2,126,657,088	2,126,657,088
⋮	⋮	⋮	⋮	⋮
62(744)	1,366,711,900	1,921,528,556	7,976,735,369	7,976,735,369

表 8-6　欲達成系統收入目標，需投入的資金與達成時間

（單位：韓元）

報酬率 每月系 統收入	1.80%	2.70%	6.0%	8.0%
2,000,000 （達成時間）	1,333,333,333 （62 年）	888,888,889 （41 年）	400,000,000 （19 年）	300,000,000 （14 年）
3,000,000 （達成時間）	2,000,000,000 （78 年）	1,333,333,333 （52 年）	600,000,000 （24 年）	450,000,000 （18 年）

年薪的差異對能否成為真富人不會造成太大的影響。

重要的是能創造 6％ 或 8％ 的系統資產，如果你每個月能再多省下 50 萬韓元，投資 150 萬韓元，退休時間能分別縮短為 15 年與 11 年。很值得一試不是嗎？這也是 FIRE 族[＊]出現的原因。年輕人開始強迫儲蓄、積極理財，夢想在 40 歲以前退休。

如果不是 60 歲退休，而是在 40 歲退休，通常就會認為需要更多的退休金。以靠勞動收入維生的觀點來說，會這樣認為很正常，如果平均壽命 80 歲，60 歲退休需要準備 20 年的生活費，40 歲退休則需要準備 40 年的生活費，是 60 歲退休的兩倍。

不過，仔細思考，如果我們是靠系統收入維生，40 歲建立的系統資產報酬率會遠遠高於 60 歲才開始的系統資產。由於系統資產會持續創造系統收入，就算提前退休也不用擔心。

＊ Financial Independent Retire Early 的縮寫，指財務自由、提早退休。

另外，如果家裡有小孩，也要把撫養費納入考量。越早退休，因為小孩還小，開銷也會較多，但若是 60 歲退休，子女已長大成年。

有些人會擔心，40 歲退休後會不會很無聊，只能整天遊手好閒？

其實，40 歲就財務自由的人大部分都不會停止工作，畢竟如果退休後的 40 年都在公園下棋，生活也太無趣了，但工作未必是為了賺錢，反而是從事自己有興趣的事。

因為系統收入，就算只有基本工資，依然能樂在其中，也就是做自己真正想做的事，而且越是沒有壓力、樂在其中，獲得成功的機率也越高，如同常聽到的一句話：「**努力的人贏不了樂在其中的人。**」

可能不是每個人都認同這句話。只要樂在其中，就能贏過努力的人嗎？凡事只要經過一段時間，就會面臨瓶頸，這樣還能一直樂在其中嗎？不過，在有了系統收入的概念後，沒有了經濟壓力，自然也就能理解、認同（雖然可能與原本的意思不太一樣）。

每月必須拿 300 萬韓元回家貼補家用、每天辛苦工作的人，以及只要拿 100 萬韓元回家且樂在工作的人，誰的工作績效會更好呢？通常是後者。

咖啡廳如雨後春筍冒出，競爭越來越激烈，最後誰會生存下來呢？只有房東自己經營的咖啡廳能生存下去！因為房東經營的咖啡廳沒有租金的壓力，在價格上具備更強大的競爭力，

一般咖啡廳老闆不但有成本開銷，還要支出人事費，甚至負擔租金，在這種情況下，很難贏過不需要付租金的咖啡廳。

同理，每個月有系統收入 100 萬韓元的人，以及每個月至少要賺 300 萬韓元的人競爭時，自然是前者較容易取得勝利。100 萬韓元還能再投入系統資產，利用複利的效果加速邁向富人之路。

致富
練習

存到目標金額需要多久時間？

依照固定報酬率達成目標金額，需要花多久的時間呢？使用 Excel 就能輕易算出。Excel 中有財務函數，可以幫忙計算財務狀況。以下是常見的引數與意義。*

引數	意義
RATE	利率
PMT	Payment，繳納金額
NPER	Number of PERiods，繳納次數或時間
PV	Present Value，現在價值（目前的餘額）
FV	Future Value，未來價值（未來的金額）
TYPE	選擇繳納的時間，省略或者是 0 時，代表於末期（月底）繳納；如果是 1，則代表在初期（月初）繳納。

想知道達成目標金額所需的時間，使用函數 NPER 就能算出，NPER 函數的語法如下：

---

* 該部分需要對 Excel 有基本的了解，若是完全不懂 Excel，最好趁這次的機會學習。

> **NPER(rate,pmt,pv,[fv],[type])**

　　舉例來說，利率 10%，每年存入 100,000 元，何時能達成 1,000,000 元？引數如下：

> RATE（利率）= 10%
> PMT（繳納金額）=（-）100,000
> PV（目前持有的金額）= 0
> FV（未來目標金額）= 1,000,000

　　在 Excel 中依照下列方式輸入：

> = NPER（10%,-10000,0,1000000）

　　輸入後會出現 7.272541 的計算結果，表示存入 7 次 100,000 元後，在第 7 年的第 100 天，就能達成 1,000,000 元。

A1		fx	=NPER(10%,-100000,0,1000000)			
A	B	C	D	E	F	G
7,272541						

　　如果依照前文範例，每個月投入 1,000,000 元系統資產，年

報酬率 6%，想要每月創造出系統收入 2,000,000 元，需要多久的時間呢？

首先，因為是以「月」為單位，所以年報酬率 6% 換算為月報酬率後變成 0.5%。由於目標是每月獲得 2,000,000 元，所以一年就是 24,000,000 元，因此目標金額是 24,000,000 元 ÷6% = 400,000,000 元。

應該輸入的引數如下：

RATE（利率）= 6% / 12 = 0.5%

PMT（繳納金額）=（-）1,000,000

PV（目前持有的金額）= 0

FV（未來目標金額）= 400,000,000

Excel 中函數顯示如下：

	A1			fx	= NPER(6%/12,−1000000,0,400000000)		
	A	B	C	D	E	F	G
1	220,2713						

大約是 220 個月，也就是需要約 18 年又 4 個月。

第 9 章

提升系統收入，加速致富

◇ 任何人都能打造系統收入

再看一次第三個富人公式：

系統收入＞生活開銷

我創造系統收入的方法，並非任何人都能照著執行。如同前文提到的，我有相當多型態的系統收入，有些是大多數人能學習的，但絕大部分則是來自無形資產，像是將超過十年的上課知識著作成書、賺取版稅，以及錄製線上課程，一次獲取一年份收入。

不是每個人都能寫書和授課，因此，你可能會反問我說：「因為你具備專業知識，當然可以創造出系統收入，但一般人很難辦到不是嗎？」

我不會撒謊說每個人都能輕易成為富人，創造系統收入不

是簡單的事，但也不是不可能的任務，而且並非只有具備專業知識的人才能辦到，有時高所得的專業人士反而更難創造系統收入，如果無法自己領悟，通常都會淪為賺錢機器。

試想，假設你的工作每小時能賺 50 萬韓元，有可能會想嘗試創造系統收入嗎？如果一天工作 8 小時就能賺取 400 萬韓元，會想要尋找其他賺錢的方法，把自己搞得那麼累嗎？

我曾看過一部美國影集《超異能 10 號房》（*The Lost Room*），劇中的旅館有一間神祕的房間，只要將物品帶離房間，物品就會發揮超自然力量，例如，梳子有讓時間暫停的功能，利用梳子梳頭髮時，時間就會暫停 10 秒，梳頭髮的人在暫停的時間內可以行動自如……每個物品都有不同的特殊能力，其中鉛筆的能力相當有趣。

用鉛筆敲桌子時就會出現錢，每敲一次就會出現 1 美分＊，就和魔法棒一樣。拿到筆的人後來怎麼樣了呢？需要錢的時候只要敲筆就好，非常方便吧？試著想像一下，如果能擁有那支鉛筆該有多好？就像實現夢寐以求的願望。

不過得到鉛筆的人在六個月後卻瘋了。只要敲打就會出現錢，所以他不分晝夜都在敲鉛筆，最後終於瘋了。敲一次鉛筆就能獲得 1 美分，1 美分約等於 10 韓元，如果每 1 秒敲 1 下，1 分鐘就會有 600 韓元，10 分鐘就會有 6,000 韓元；1 小時需要休息 10 分鐘，50 分鐘會出現 3 萬韓元。

＊ 約新台幣 0.3 元。

　　嚴格來說，這個人只不過是獲得時薪 3 萬韓元的工作，雖然不少，一天工作 8 小時，能獲得 24 萬韓元，工作 20 天有 480 萬韓元。

　　雖然這份工作很不錯，但有到夢寐以求的程度嗎？如果鉛筆的主人最後體悟到，原來敲鉛筆只是一份時薪 3 萬韓元的工作，他還會整天敲鉛筆，最後發瘋嗎？

　　鉛筆的主人不自覺成為了鉛筆的奴隸，就像擁有高所得的專業人士淪為工作的奴隸，唯一的差別在於，專業人士的收入比 1 美分更多而已。如果牢籠中有豐盛的食物，又何必逃脫呢？事實上，我周遭大多數獲得財務自由的人都是平凡的上班族，及時察覺到不對勁的人，都能趁早逃離勞動所得的牢籠。

　　接下來介紹能創造系統收入的方法。這些都是我親自嘗試與實踐過的方法，就算沒有實際執行，但也都曾下過工夫研究與計畫，因為我不喜歡「只會出一張嘴」的人，因此提出方法前都會非常慎重。

　　希望剛接觸系統收入的人能有進一步的認識，也期望大家能拉出符合自己狀況與性向的方法。

◆ 靠不動產當房東收租

　　有錢人最常使用的方法就是投資不動產。每個月都能按時收到的租貸所得就屬於系統收入，所以才會有「房東 = 富人」

的說法，但很多人會說：「誰不知道不動產能創造系統收入？就是因為沒錢才做不到啊！」

我以前也這麼認為，所以不想花時間去弄懂，也不想去研究，我一心只想等存到 1 ～ 2 億韓元後再去做功課，**但現在我很後悔當時為什麼沒有認真下工夫研究。**

事實上，不需要大筆資金就能投資，有些人甚至不用出資就取得不動產，或是購買不動產後，馬上獲利。

當然這些是特例，近來也因為韓國政府的相關規定使投資不動產變得更加困難，況且那和我們所要介紹的系統資產不太一樣，不過這卻打破了投資不動產一定要巨額資金的迷思。不要一味地認為「天底下哪有白吃的午餐？」還沒開始就急著否定。我們追求的系統收入不就是非勞動所得嗎？

利用小錢可投資不動產的原理，就是前文談過的利用無息債務，只要妥善運用韓國特有的全稅制度，利用小錢也能投資不動產。

舉例來說，假設現在有 3 億韓元的房子，如果這間房子的全稅金額是 2 億 4,000 萬韓元，需要投資的金額（資產淨額）是 6,000 萬韓元。如果在銀行貸款 6,000 萬韓元，最後就不需要花到自己的錢，就能購買價值 3 億韓元的大樓。優先順序全稅金占買賣價格 80％的狀態下，後面順位的銀行就不容易貸款，但也不是完全不可能。

韓國《朝鮮商業》（Chosun Biz）2019 年 9 月 28 日的新聞標題指出，都更與重建新大樓的案件中，如果有同時出租

與申請住宅擔保貸款者，銀行將會全都收回貸款金額。一般來說，在登記之前無法知道出租者的現況，這是針對鑽漏洞者採取的措施。

靠銀行利息安穩度日的人，大概都會認為耍小聰明被抓到是活該，但使用這一類手法的人則會認為這個方法被禁止，那就再找其他方法。想成為富人就不該對金錢有偏見，需要把目光放遠一點。

為什麼會出現「罐頭全稅」*這樣的說法呢？住宅擔保貸款與全稅保證金的總和超過房價時就稱為罐頭全稅，反過來看，相當於不花大錢就能買房的意思。一般人在談到買房時，多是以自住為考量，期待買房住一段時間後，房價能上漲。

「明明自己還在租房子，卻還要出租房子給別人？」我們必須擺脫買房自住需要準備大量資金的思維。如果不是自己要住的房子，利用無息債務全稅保證金，就能以更少的資金投資不動產。我來介紹一下友人（為了方便，就稱為 A）的實例。

有一天，A 遇見了任職於公家機關的朋友，詢問近況後，對方說自己工作的機關搬遷至其他地區，所以他正在尋找全稅的房子。不過，買賣價格 1 億韓元的房子，全稅價格卻上漲至 9,000 萬韓元，讓他感到相當不安，因為交易價只要下跌 1,000 萬韓元，就可能會變成無法拿回保證金的罐頭全稅，A 當下也替朋友感到很擔心，不過在回家的路上，他突然想到一件事：

---

* 罐頭全稅是指全稅金額超過買賣價格的公寓。

「也就是說，1,000 萬韓元就能買到房子！」

從那時候開始，A 就非常關注不動產，一到週末就會去看房子，進行實際調查。因為公家機關搬遷實際上的全稅需求暴增，但交易價卻維持不變，因此能使用小金額進行 GAP 投資。

於是他用 1,000 萬韓元購買了一間公寓，另外申請 3,000 萬韓元的信貸，連續幾個月總共買了四間。後來在公司領到獎金或是有閒錢時，他都會繼續購買，當全稅期滿時，他會提高保證金購買其他房子。全稅保證金只要提高 1,000 萬，就能再購買一間公寓。

A 以自己的資金 1,000 萬韓元開始投資不動產，幾年後就變成擁有 10 多間的公寓。這樣你還會認為投資不動產需要一筆龐大的資金嗎？

不過，這一類的 GAP 投資不是我們追求的系統資產，而是屬於投資資產。不動產的價格上漲時，小額的投資金也能帶來相對較高的收益；反之，價格下跌時可能會造成龐大的虧損。

對不動產價格上漲的信心、懂得挑選不動產的眼光與經驗等，都是此一投資方式須具備的條件，話雖如此，如果你的最終目標是成為「只收租金的房東」，建議先從利用小錢的投資踏出第一步。本來從來不曾投資過不動產，初次購買的物件如果是數十億的大樓，投資成功的機率相對地就比較低不是嗎？

無論何種投資都會伴隨風險，唯有研究、採取應對措施與降低風險才是最好的方法。如果害怕風險，就只能選擇把錢存在銀行，持續工作 62 年，才有可能財務自由。但我們還忘了

一項可能 —— 銀行倒閉時就會無法拿回存款！

　　雖然韓國存款保障金額有 5,000 萬韓元 *，但超過的金額卻拿不回來。風險確實必須管理與降低，但並不用徹底消失。

　　通常當小孩子還未滿週歲、走路不穩的時候，大部分父母會因為擔心孩子跌倒或碰撞，在地板上鋪軟墊，我的小孩剛學會翻身爬行時，家裡也是鋪上了軟墊，但專家建議我們把軟墊都收起來，因為如果地板太軟，小孩就會失去平衡，無法學會站立，碰撞時也不會覺得痛，因此對危險不會有警覺心。

　　軟墊收起來後，小孩就在沒有保護的環境下四處碰撞，即使坐在地上，也會突然往後倒撞到後腦勺，嚎啕大哭，安撫孩子時，我曾一度後悔不該把墊子收起來。

　　我又繼續觀察了好幾天，後來我發現孩子的變化。每當坐著快要往後倒時，他就會施力讓身體往前，就算失去重心也不會真的倒地，懂得自己保護頭部，不久後，他開始能踩著地板站起來，身體也能維持平衡。

　　為了保護小孩所以先前都鋪上軟墊，導致孩子跌倒時因為不覺得痛，所以完全沒有想要撐住身體、保護自己，但真正能讓孩子成長的是，在每一次小小的碰撞中學會堅強。

　　投資也是同樣的道理。經常聽到許多人被荒謬的手法詐騙，或是被天花亂墜的謊言欺騙而賠錢，受害者大多數都是從沒被騙過或是沒遇過詐騙的人。

---

* 台灣為新台幣 300 萬元內。

　　我年輕時也曾向銀行貸款投資，卻不幸慘賠。當時我覺得自己很愚蠢，每天都十分懊悔，但現在回想起來，在我成為富人的道路上，那真的是一項寶貴的經驗。年輕時虧損或失敗都無妨，只要再賺就好了，因為年輕就是本錢，還有很多機會，重要的是把這些失敗當作邁向成功的經驗。

　　另外，因為當時還沒存到投資不動產的資金，所以就算知道有許多關於不動產的好書或課程，但卻沒有去看，這是錯誤的觀念。就算還沒有要投資，還是希望大家能當作學習與練習，試著接觸看看！

✧ 小額投資也能輕鬆領股利

　　相較於不動產，投資金額小且任何人都能輕易創造的系統收入就是股息。就算只有 1 萬韓元（約新台幣 250 元）也能投資，只要挑對股票，就能達到期待的報酬率。試著思考，銀行的利息和股票的配息，哪一個會比較高呢？

　　前文提到過，目前韓國銀行的利率是 1.80％，那麼股票的殖利率是多少呢？根據韓國交易所（krx.co.kr）的資料顯示，2018 年韓國綜合股價指數的殖利率是 1.93％，2019 年 9 月是 2.16％。

　　股票的殖利率比銀行的利率更高，不過把錢存在銀行和投資股票，兩者須承擔的風險不一樣。那是否要把投資標的限定

為金融股呢？定存利息與金融股配息，哪一個比較多呢？

　　韓國銀行聯合會提供各大銀行儲蓄商品的 12 個月利率，與 FnGuide[*] 提供的 2018 年度殖利率比較（見表 9-1）。

表 9-1　比較銀行利息與殖利率

(單位：%)

銀行	商品名稱	利率	股票（股票代碼）	殖利率
KEB 韓亞銀行	N PLUS 定期儲蓄	1.50	韓亞金控（086790）	5.24
IBK 企業銀行	IBK 終生家人帳戶	1.40	企業銀行（024110）	4.91
DGB 大邱銀行	我手中的儲蓄	1.71	DGB 金控（139130）	4.33
KB 國民銀行	KB 黃金生活年金優待儲蓄	1.50	KB 金融（105560）	4.13
BNK 釜山銀行	MySUM 定期儲蓄 S	1.60	BNK 金控（138930）	4.09
新韓銀行	新韓 S 夢想定期儲蓄	1.35	新韓金控（055550）	4.04
光州銀行	My cool 儲蓄	1.90	JB 金控（175330）	3.16
濟州銀行	濟州 Dream 定期儲蓄	1.45	濟州銀行（006220）	2.15

※ 儲蓄利率因為 Moneta 金融資訊網和銀行聯合會的資料更新日不同，所以和前面的內容有誤差。
※ 友利銀行是 2019 年 1 月設立友利金融股，因此沒有前年度的殖利率資料。

資料來源：銀行聯合會、FnGuide

---

* 韓國主要從事財務資料蒐集和分析等服務。

　　定存利率平均為 1.44%，殖利率平均為 4.01%，殖利率比所有銀行的定存利率都還要高。相較於把錢存在銀行，投資金融股獲得的股利，報酬率高出許多 *。銀行的存款有 5,000 萬韓元的保障，虧損的機率較低；股價則有下跌的風險。不過如同小孩學步，收起保護的軟墊，才能邁向真正的成長之路。

　　我們尋找的是系統資產，不是賺取價差的投資資產。若想靠存金融股領取系統收入，但又擔心股下價跌，該怎麼辦呢？

　　購買金融股後，如果股價下跌，那就忘記本金吧。因為我們的目標是讓系統收入超越生活開銷，成為真富人，如果能一直領取系統收入（股利），就算忽略本金也無妨。如果股價上漲，自然是錦上添花，可賣出後投資其他的系統資產。

　　不過，也可能會發生最糟糕的情況，因此必須做好覺悟。那就是股利減少的情況，表 9-1 的殖利率是 2018 年度的股息資料，無法保證往後是否會維持一樣的股息。銀行 2015 年～2018 年的股息見表 9-2。

　　各銀行四年來沒有停止配息或是減少股利，除了濟州銀行，其他銀行的股利都是增加的，韓亞銀行、企業銀行、DGB 金控每年股利都比前一年多。

　　雖然四年來都有發放股利，但不能保障往後也會發放或增加股利。假設銀行利潤低卻還是提高股利，或將大部分的利潤作為股息發放，一旦發生虧損，就可能會停止發放股利。

---

* 台灣的銀行利率可至各銀行官網查詢，殖利率可至台灣證券交易所查詢。

表 9-2　金融股各年度股利

（單位：韓元）

股票（代號）	2015 年	2016 年	2017 年	2018 年
韓亞金控（086790）	650	1,050	1,550	1,900
企業銀行（024110）	450	480	617	690
DGB 金控（139130）	280	300	340	360
KB 金融（105560）	980	1,250	1,920	1,920
BNK 金控（138930）	144	230	230	300
新韓金控（055550）	1,200	1,450	1,450	1,600
JB 金控（175330）	50	50	100	180
濟州銀行（006220）	100	100	100	100

資料來源：FnGuide

　　現在就來看一下各銀行每年賺取的利潤，以及分配給股東的股利所占據的利潤比重。表 9-3 是各金融股的每股盈餘（EPS）與股票配息率（當季淨利當中，發給股東的股利比例）。

　　沒有任何一間銀行的股票配息率超過 30％，賺取的利潤有 70％以上都是內部保留，因此往後較有能力繼續發股利。4％的殖利率雖然低於我們追求的 6％系統報酬率，但明顯高於銀行的存款利率。

表 9-3 韓國金融股各年度每股盈餘與股票配息率

（單位：韓元、%）

股票（代號）	2015 年	2016 年	2017 年	2018 年
韓亞金控（086790）	3,093（21）	4,495（23）	6,881（23）	7,458（26）
企業銀行（024110）	1,747（26）	1,762（27）	2,282（27）	2,666（23）
DGB 金控（139130）	1,757（16）	1,702（18）	1,787（19）	2,267（16）
KB 金融（105560）	4,396（22）	5,458（23）	7,920（23）	7,321（25）
BNK 金控（138930）	1,898（8）	1,556（15）	1,237（19）	1,540（19）
新韓金控（055550）	4,878（27）	5,810（25）	6,155（24）	6,657（24）
JB 金控（175330）	882（7）	918（5）	1191（8）	1,464（14）
濟州銀行（006220）	877（11）	1,137（9）	1,136（9）	1,171（12）

資料來源：FnGuide

　　租貸不動產與股票股利這兩項系統資產的優缺點可見表 9-4。

表 9-4 租貸不動產與股票股利的優缺點

區分	租貸不動產	股票股利
優點	• 利用槓桿時可提高期望報酬率（expected rate of return） • 可干涉營收模式（Revenue model）	• 可進行 1 萬韓元以下的小額投資 • 不需要修繕維護等的管理
缺點	• 需要一定規模以上的投資金 • 承租者與不動產需要週期性的管理	• 難以運用槓桿 • 無法干涉營收模式（經營）

股利的最大優點是小額也能投資，不動產雖然也能運用槓桿操作，但資金門檻還是比較高。

另一項優點則是不需要特別管理。如果投資不動產，承租人搬家時就必須找新的承租人，找不動產仲介時也需要支付仲介費，水管或家電故障時必須修理，更新壁紙或地板等，每隔一段時間就必須修繕房屋。

不動產可利用貸款進行槓桿投資，當然股票也能進行股票質押，但利息遠遠高於不動產擔保貸款，大部分都超過股利殖利率。貸款期間以短期居多，因此難以運用槓桿，另外，它也很難積極管理收益率。

不動產可由自己決定租貸條件，也能透過翻修裝潢提高報酬率，相反地，投資股票時，我們無法干涉公司的經營（雖然能參加股東會行使表決權，但幾乎沒有公司會依照小股東的意思經營），配息與否也是由公司決定。

而且以系統收入來說，股票還有一項明顯的缺點，就是多為 1 年只會配息一次！

不動產每個月都能收租金，股票股利則多為 1 年發一次，少數公司一年發兩次，或是每季發。

想要讓系統收入 > 生活開銷，最好每個月都能創造收入，每年領一次雖然也能貼補生活開銷，但因為難以控管，景氣不佳時，很容易面臨入不敷出的窘境。

「真希望股利也能和租金一樣每個月入帳……」股票股利如果能高於租金，而且每個月都能領到的話，那該有多好？

假設可以小額投資，不需要另外管理，每個月也能穩定收取股利，那應該就會是非常理想的系統資產。

◇ 投資美股如同收租

前文提過股票股利最大的缺點就是，每年只會發放一次股利。如果能夠每月發放，或是每季發放，就能精確掌握收支狀況。其實，確實有每季發放股利的公司，而且股息報酬率也不算低，還是一間穩定且賺錢的公司，2018 年的營業利潤甚至高達 58 兆韓元（約新台幣 1.45 兆元）——那就是三星電子！

三星電子從 2017 年開始實施股東回饋政策，於每一季分發股利，但有許多人仍不知道這件事。2018 年以 3、6、9、12月為基準，每季每股分發 354 韓元（約新台幣 9 元），一年總共是 1,146 韓元（約新台幣 29 元）的股利。

如果每一季發放股利的公司持續增加，那韓國的股市就有可能變成投資或準備退休的目標，如果股票的股利能和不動產租貸報酬率相當，就沒有理由刻意把錢放在管理起來較難管理的不動產吧？

近年來，投資美國、日本、中國等海外的股票並不困難，只要前往證券公司開設海外股市專用帳戶就行了，甚至不需要專程前往證券公司，坐在家裡也有辦法開設帳戶。依照不同的證券公司，有時候也會需要簽章認證或兌換外幣，但在網路上

搜尋或依照證券公司的指導就能完成。

美國股票在系統資產上的優點，就是能每季發股利。韓國的股票大多數都是一年分發一次股利，相反地，美國的股票則是每季發股利的居多，幾乎 80％的股票都是每季分發股利。發放股利的月份也相當多樣化，有 1、4、7、10 月發放股利的股票，有 2、5、8、11 月發放股利的股票，也有 3、6、9、12 月發放股利的股票。表 9-5 依照股利發放月份區分，列出一般人熟知的美國股票。

如果分散投資三檔發放月份不同的股票，就像收取租金一樣，每月都能收到股利*，或者也能投資月配息股票，最具代表的月配息股有不動產投資信託（REITs，Real Estate Investment Trust）的縮寫，一家向投資者募集資金投資不動產後，把租貸收益或出售收益分給投資者的公司。站在投資者的立場來看，具備使用小錢投資不動產的效果。

Realty Income 主要投資美國的商業不動產，長期出租便利商店、藥局、健身中心等，將近 6,000 家店鋪，2019 年 10 月底總市值達到 260 億美元（約新台幣 7,540 億元），是標普 500（S&P500）的公司之一。2019 年公司的股價上漲將近 30％，現金殖利率降低了，不過還是有 3.32％。

---

* 這想法源自於 sosumonkey（Hong Seung Cho）、維加斯的風流客（Lim Sung Joon）、Yoon Jae Hong 共同著作的《睡覺時領月薪的美國股利投資》。

表 9-5　每季發放股利的美國股票

股利發放月份	股票（2019 年 11 月 1 日的現金殖利率）
1、4、7、10 月	思科系統（2.94%）、摩根大通（2.86%）、默克（2.59%）
2、5、8、11 月	P&G（2.41%）、美國運通（1.46%）、蘋果（1.27%）
3、6、9、12 月	埃克森美孚（5.08%）、IBM（4.79%）、3M（3.41%）、可口可樂（2.97%）

　　這間公司不僅每個月發放股利，且連續 23 年股利都持續增加 *。2008 年金融危機時，不但沒有停止發放股利，反而還增加，股價也從 10 美元上漲至 80 美元。**不只每個月收利息（股利），本金還增加了 8 倍之多！**

　　竟然有這種企業！不禁讓人覺得沒有出生在美國，實在是一件非常遺憾的事。不過，其實，比起投資美國股市的美國人，投資美國股市的韓國人的報酬率更高！

　　這是什麼意思呢？我同樣也是參加演講後才得知的 **。首先來看一下 Realty Income，這間公司就如同前文所說，過去 23 年都有增加股利，只不過股價並不是每年都上漲。

　　長期來看是往上成長的，但偶爾會出現起伏的狀況，特別是 2008 年金融危機造成美國股市暴跌時，這間公司的股價從

---

* 資料來源：Dividend.com。

** 這個世界上真的有很多不錯的書和演講，在此感謝讓我獲得領悟的《美國股利投資指導》作者 Seo Seung Yong 先生。

30.45 美元跌至 15.03 美元，下跌幅度超過 50％，面臨投資本金砍半是一件極度痛苦的事。

　　不過如果是在韓國投資這間企業會怎麼樣？美元是安全資產，當全球面臨不景氣或發生金融危機時，安全資產美元的價值會上升，相對地，韓元的價值就會下跌，換句話說，匯率就會上升。本來 900 韓元能換 1 美元，現在則需要 1,500 韓元，匯率上升時，以韓元評估的美國股票價值就會增加，以美元為基準發生的股價下跌會抵銷匯率。

　　表 9-6 是金融危機前後，Realty Income 的股價與套用各時間匯率的韓元估計值。

　　以美元為基準下跌了 50％，但以韓元為基準時只下跌 17％ 而已，雖然 17％ 的虧損也讓人很心痛，但相較 50％ 的虧損，已經算是好多了。明明投資相同的股票，A 的一半資產已經化為泡沫，B 的資產只有跌 17％，這樣的結果很驚人不是嗎？沒有出生在美國，說不定反而該覺得慶幸！

表 9-6 Realty Income 股價與韓元估計值比較

日期	股價（美元）	匯率 （韓元／美元）	（韓元）
2007.11.13	30.45	918.7／1	27,974
2009.03.06	15.03	1,550／1	23,297
增減率（％）	－ 50.6	＋68.7	－ 16.7

　　除了每季發放股利，投資美元還有一項優點，那就是在某種程度上還能應對國內的經濟危機，以及全球性的危機。

　　由於我們把系統收入的報酬率設定為 6％以上，因此可能會覺得 Realty Income 的殖利率*只有 3.32％有點可惜，不過，這個 3.32％是依照 2019 年股價計算出來的（一個月的股利是 0.23 美元，1 年就是 2.72 美元，再除以股價 81.79 美元「2.72÷81.79 = 3.32％」得出）。

　　不過，2018 年的股價是 58.0 美元，假設 1 年前購買該公司的股票，殖利率就是 2.72÷58.0 = 4.69％。以各年度的股價為基準，計算殖利率可見表 9-7。

　　由於這間公司持續增加股利，隨著時間越久，殖利率也漸漸上升了。10 年前投資 19.27 美元的人，2019 年的殖利率是 14.12％（2.72÷19.27），如果往後也和過去 23 年一樣繼續增加股利，幾年後就會達到我們想要的目標殖利率。

　　也許有人會問「還有其他固定發放股利，並持續增加股利的企業嗎？」我從股利資訊網整理了持續 25 年都有增加股利的企業名單，見書末「表 A」。總共有 90 個，殖利率超過 5％的企業有 7 家。

　　值得注意的是，當預估企業的業績會變差，股價因此下跌時，殖利率反而是上升的，或許是因為股價變低，使殖利率變高，但如果是公司的經營發生問題，不僅股價會下跌，股利也

---

* 殖利率計算方式：現金利／股價。

可能會減少。如果想更深入了解這個部分，建議去看相關書籍。

表 9-7　不同投資時間點，獲得不同的殖利率

（單位：美元）

日期	股價	殖利率
2019-01-01	68.69	3.96%
2018-01-01	53.19	5.11%
2017-01-01	59.63	4.56%
2016-01-01	55.79	4.88%
2015-01-01	54.31	5.01%
2014-01-01	40.78	6.67%
2013-01-01	43.68	6.23%
2012-01-01	36.4	7.47%
2011-01-01	34.96	7.78%
2010-01-01	27.93	9.74%
2009-01-01	19.27	14.12%

　　倘若想要利用美國股利獲得更穩定的系統收入，可以投資特別股（Preferred Stock）*。

　　特別股是指比普通股票具備特殊權利的股票，大部分都具備股利的優先權，即如公司發放普通股利前，必須先發特別股

---

* 特別股是結合債券和股票特質的證券，指跟普通股相比，股東有優先配發股息的權利，而在公司清算時，在債權人之後，對該公司資產也有優先索取權。

股利。

韓國的股票也有特別股，但股利是浮動的。以三星電子來看，營業報告中能確認的特別股股利條件是「比普通股票多 1％的現金股利」。目前三星電子的面值金額是 100 韓元*，因此再發放每股 1 韓元的股利。不過，由於普通股票的股利會變動，特別股的股利也和表 9-8 一樣每年浮動。

表 9-8 2014 ～ 2018 年，三星電子每股股利

（單位：韓元）

區分	2014 年	2015 年	2016 年	2017 年	2018 年
三星電子（普通股）	400	420	570	850	1,416
三星電子（特別股）	401	421	571	851	1,417

韓國的特別股是「普通股股利＋○○％」或是「最低配息率○○％」的型態，兩個型態都難以準確預測股利。現代汽車發行了三種特別股，各特別股的股利條件與 2018 年實際股利額可見下頁表 9-9。

最低配息率分別是 1％與 2％，實際上的配息率是 81％與 82％，事前制定股利條件沒有太大意義。如果把特別股股利設定在最低配息率，原本 4,100 韓元（約新台幣 103 元）的股利很可能就會減少變成 100 韓元（約新台幣 3 元）。

---

* 2018 年 5 月 3 日，透過面值分割把每一股面值原本是 5,000 韓元的股票分割為 50 股，面值變成了 100 韓元。

表 9-9　2018 年現代汽車的特別股股利

（單位：韓元）

項目	特別股股利條件	每股股利 （面值相較股利率）
現代汽車（普通股）		4,000（80%）
現代汽車（特別股）	相較普通股票一年增加 1%股利（以面值為基準）	4,050（81%）
現代汽車（2 特別股）	最低特別股利率：2%（以面值為基準）	4,100（82%）
現代汽車（3 特別股）	最低特別股利率：1%（以面值為基準）	4,050（81%）

　　韓國的特別股難以預測股利，相反地，美國特別股中則有可輕易預測現金股利的股票──就是固定股利特別股。

　　美國的固定股利特別股也稱為「混合式證券」（Hybrid Securities），就像是混合車同時兼具電動車與汽油車的性質一樣，混合證券兼具普通股與債券的性質。

　　雖然混合證券歸類為股票，但如同債券一樣，會發放固定的利息（股利），期滿時也能贖回。混合證券具備下列三項特徵：

1. 大部分發行的面值是 25 美元。
2. 發放相較面值一定比例的固定股利。
3. 到期日（call date）後多半可贖回。

這種形式稱為「可贖回」（callable 或是 redeemable），發行公司有買回股票的權利。舉例來說，整體利率高時，以 10％的固定股利為條件發行特別股，利率變低時，一直發放固定股利可能會造成虧損。此時，公司購特別股後，以更低的利率條件再次發行。這類股票會事先決定可贖回的日期，就稱為「到期日」。

因此，到期日後，特別股隨時會以面值價被公司奪走的風險，不過，特別股的交易價格多半都不會和面值有太大的差異，主要以 24 美元～ 26 美元交易。

美國股市有許多金融公司發行的特別股，金融公司規定若是從外部調度資金增加負債，就必須依照比例增加自己的資本，配合此一比例發行特別股，但大部分是以發放面值 5％～6％的股利條件發行。

可以參考表 9-10，美國規模最大的銀行摩根大通發行的特別股。

找到 6％報酬率的系統資產了！ 25 美元大約是 3 萬韓元，只要有 3 萬韓元就能投資，且只要在證券公司開設海外股票帳戶就行了。

這類特別股的投資風險也較低，因為如果連美國最大銀行摩根大通都無法發放特別股的股利，全球經濟大概也崩潰了。

況且並不是只有摩根大通會發行這一類的特別股，可分散投資的對象很多。表 9-11 中除了摩根大通，我還彙整了美國知名銀行發行的特別股，挑選固定配息率較高的 3 間。因為是世

界知名的銀行所發行的特別股，6%左右的報酬率是可以預期的。

表 9-10　摩根大通的特別股

（單位：美元）

股票代碼	面值	固定配息率（與面值比較）	現價（2019.10.31）	現金殖利率	call date（年／月／日）
JPM-PA	25	5.45%	25.04	5.44%	18／03／01
JPM-PF	25	6.125%	25.31	6.05%	20／03／01
JPM-PG	25	6.10%	25.66	5.94%	20／09／01
JPM-PH	25	6.15%	25.71	5.98%	20／09／01

※ 每個網站的特別股代號標記方式不同，本書是依照雅虎財經頻道的方式標記。

資料來源：雅虎財經頻道、Preferred Stock Channel、摩根大通官網

表 9-11　殖利率大於 6% 的美國銀行特別股

（單位：美元）

發行銀行	股票代碼	面值	固定配息率（與面值比較）	現價（2019.10.31）	現金殖利率
美國銀行（Bank of America）	BAC-PA	25	6.00%	26.24	5.72%
富國銀行（Wells Fargo）	WFC-PT	25	6.00%	25.45	5.89%
高盛銀行（Goldman Sachs）	GS-PN	25	6.30%	26.33	5.98%

資料來源：雅虎財經頻道、Preferred Stock Channel

　　不動產投資信託（REITs）也會發行固定股利特別股，利率高於銀行的股票更多。《美國股利投資指導》*介紹「PennyMac Mortgage Investment Trust」發行的特別股「PMT-PB」，固定配息率是一年 8.0％，以 2019 年 10 月 30 日的收盤價 26.20 美元為基準，殖利率是 7.63％。

　　倘若不知道該投資哪一檔特別股，投資特別股 ETF 也是不錯的方法。ETF 是「Exchange Traded Fund」的縮寫，是讓指數基金（Index Funds）上市後能像股票一樣交易的商品。

　　購買 ETF 也能和基金一樣分散投資，不同於基金的是，具備隨時都能買賣的優點。一般來說，管理費（Expense Ratio）低於基金，從長期報酬率來看優於基金。

表 9-12　特別股 ETF

名稱（代號）	殖利率	股利週期	基金報酬
安碩（IShares）特別股 ETF（PFF）	一年 6%左右	一個月	一年 0.47%
景順（Invesco）特別股 ETF（PGX）	一年 6%左右	一個月	一年 0.52%
范・艾克（Van Eck）特別股 ETF（PFXF）	一年 6%多	一個月	一年 0.41%

　　書中介紹的特別股 ETF 主要是投資固定股利特別股的

---

*　韓國 2019 年上市的美股投資書。

ETF，但不是 100％投資固定股利特別股，而是分散投資多個標的，因此沒有固定股利，但報酬率都會有 6％左右。另一項優點是每月發放股利，因此每月都能收到系統收入。

◈ 生活中學到的一切都會變資產

前文提到的租金或股利，都是必須購買系統資產才能獲得系統收入，換句話說，是需要本金的。不過也有不需要本金就能獲得的系統收入，那就是利用「構思」無形資產。

前文也提到過，為了創造系統收入，我最先使用的方法就是「構想」。我帶著販售祕方的心情，把授課內容編著成書，把面授課轉換為線上授課，雖然短期來看報酬率不高，但長期來說，這是很聰明的選擇。

利用自己的「構想」創造系統收入並非容易的事，如果不具備寫書的專業知識，或是沒有長期累積專屬特色，大概就會難以實現。不過，現今我們生活在一個比任何時候都更容易把「構想」變成資產的世界，這更能幫助我們實現夢想。

過去書的價格非常昂貴，一本聖經的價格幾乎和一座小型農場一樣*，不只是用「昂貴」就能形容的。這是因為在印刷術發達前，所有的書都是由人工一字一句抄寫，且製作一本書需

---

* 資料來源：《美國經濟評論》（*American Economic Review*），2013 年 5 月 20 日。

要數月的時間，在紙張普及前，是使用羊皮製作的羊皮紙，一本書就需要數十隻的羊。

書在過去幾乎可說是奢侈品，因為紙張本身很珍貴，加上只能使用羊皮紙，一般人怎麼可能會妄想寫書呢？不管擁有多淵博的知識、創意與構想，也難以變成資產。不過現在呢？

從前想要成為小說家、詩人、作家，必須經歷「文壇系統」——大學時就讀文藝創作學系，學習寫文章的方法、參加文藝等的文學創作社，得獎後才能算是作家，也就是進入文學界，並不是寫幾篇文章上傳至社群媒體就可以的。通常一個作家會被問到，是向哪一位作家學習寫作、曾獲得哪一類型的文學獎等。

但韓國作家金東植卻打破了這個傳統。金東植 2017 年以《灰色人類》打開知名度，2018 年擠進「今日作家獎」最終候選人，但他不曾正式學過寫作的方法，更別說有就讀文學創作學系，因他國中時就退學，未再繼續升學，後來他透過認證考試完成了國中與高中的課程，但不曾學過寫文章的方法，或是接受作家訓練等相關課程。

他在飾品工廠工作超過 10 年，一直都只從事鑄造工作，把融化金屬的水倒入鑄造模組中，如果不慎被鐵水濺到就會嚴重受傷，且作業人員彼此都必須保持一定的距離，不能互相交談，每天只能看著牆壁做相同的事，於是腦中自然展開了許多想像與構思。

後來，他開始把自己想像的故事上傳至網路，由於他平

常幾乎不會看書，因此他的文章內容與格式也完全不同於傳統的框架，獨特與嶄新的風格吸引了許多人的關注。雖然有人糾正、批評他的寫法，但同時深受他文章的吸引。

他把網友的意見與留言視為寫作的導師，隨著時間過去，他的實力也逐漸增強，後來他的文章吸引了其他作家與評論家的目光。隨後，他將網路上寫的文章編著成 3 本書出刊，2018年獲得了「今日作家獎」。

隨著網路與科技進步，過去看似難以實現的事也都變得能輕易實現了。如果你擁有創意、題材與寫作的熱情，想要出書並不困難，如果真的對內容有信心，也能花約 200 萬韓元（約新台幣 5 萬元）自費出版，若以電子書的形式出版，費用就會更少。只要擁有構想，想要變成資產比以前容易多了。

除了出書，也可以授課。許多年輕會計師或聽過我授課的上班族都曾表示自己也想教課，而且都會詢問我方法，不過，為企業上課本身是一件很難的事，好不容易在百忙之中擠出時間，如果授課內容差強人意，邀約的企業就必須承受各種抗議與索賠，為了避免日後發生糾紛，於是就會要求講師需有認證資格。

由於公司都很重視講師的資歷和授課經驗，因此新任講師很難跨過這個門檻。大家都要找有經驗的人，那新人該怎麼累積經驗呢？總之，因此就算有人跟我說想當講師，我也無法真正給予多大的幫助。

不過短短幾年間，情況卻大不相同了，網路出現許多開課

平台，任何人都能開設個人課程或一日課程，對象不一定是企業，也能以一般民眾為召募對象。

除了授課，還有其他方法能讓構想變成自己的資產，例如許多人列為未來志願第一名的「YouTuber」。現今 YouTuber 已經成為一種職業，任何人都能開設 YouTube 頻道，上傳自己的構想賺錢。

我也有經營「Sa Kyung In 史景仁 TV」與「大家的會計學」兩個頻道，雖然目前 YouTube 的人氣很旺，但無法保證 YouTube 能否永續經營，畢竟一直都有許多類似的平台出現，但過不久又消失。雖然不清楚哪一個平台或頻道能留到最後，但可以確定一件事 —— **只要你擁有獨特的構想，就能創造系統資產！**

如果你沒有自己專屬的構想，那你可以試著想一下，**你從事什麼工作呢？那份工作超過 10 年了嗎？**

經過 10 年的經驗累積，你還是沒有自己專屬的構想嗎？完全沒有可以傳授他人的訣竅嗎？

不需要為了創造新的構想而另外投資時間或付費學習，可以試著想，如何讓目前從事的工作有更好的表現。如果你至今都安於現狀地度過每一天，希望從今天開始能有所改變。

試著把目標設為 10 年後開設與自己職業相關的課程、編著與自己職業相關的書，或者也可以立刻開設 YouTube 頻道。每種領域都有相關的書籍、知識，不是只有厲害的專家、學者或教授才能寫書。

如果想具體了解，可以在 YouTube 搜尋「宅配司機」，韓國現在到處都能看見宅配司機的影片，其實我搜尋後也嚇了一跳。舉例來說，宅配司機的頻道「宅配大叔 Taek-A」有將近 3 萬名的訂閱者，他上傳的影片中，有一個標題是「宅配司機的一天」的 Vlog 影片，觀看次數有 46 萬次。

世界就是如此！你每天做的事已經累積了 10 年的歲月，若是沒有任何想法，不會顯得太空虛嗎？想著將自己從事的工作、學過的知識日後變成系統資產，就能獲得意想不到的效果。

首先，對工作的態度會改變，會開始思考每天的工作對公司整體的績效有什麼影響，以及是否有提高效率與改善成果的方法等。主管吩咐才勉為其難去做，和為了進步主動完成工作，這兩者的心態與成果都不一樣，主管和同事看待你的方式也會不一樣。

我太太經常對我說：「你不管做什麼，都表現得很好。」

沒錯，如果有需要學習的知識或技術，我都能輕易學會，只要我下定決心，即便是沒接觸過的做菜、運動等，我都能駕輕就熟。太太目前在學瑜珈，即使沒接觸過，我也有信心能學得比她更好，理不是我頭腦好或是有天分，而是因為**不管學什麼，我都會想著「以後要教別人」**。

單純理解知識與把知識變成自己的，然後再去教別人，是天壤之別。應該沒有人不會使用筷子吧？不過你是否懂得怎麼教別人使用筷子呢？假設現在我們要教初次使用筷子的外國人，你會以何種方法指導呢？

「手的姿勢和我一樣。」

「不對，不是那樣，是這樣！」

「不，是這樣！」

「啊，真是鬱悶！」

不是學過就一定懂得教別人，如果是秉持想要教別人的心態學習，自然會思考其中的細節，甚至會想到連老師都沒注意到的部分。舉例來說，會思考拿筷子與拿叉子的不同之處，也會懂得區分鐵筷與木筷的差異、優缺點，以及方筷與圓筷之間的差別。

另外，也會知道有關筷子的知識，例如小孩拿筷子的姿勢會影響日後寫字的能力，如此一來，就會知道該怎麼教小孩，以及怎麼挑學習筷。

光是這些就足以成為 YouTube 的內容，日後還能編著成書。我雖然使用筷子的時間已超過 40 年，但從未思考過關於筷子的事，但因為想著要教人，於就出現了一堆構想。

這個習慣讓我有信心學好每件事，只要想著怎麼教人，任何事都能學得很好。**生活中學習到的一切都能作為構想，成為我們的資產！**

所以我對太太說：「學習是人生的樂趣」。如果把學習想成是「讀書考試」，就會產生排斥感，但其實學習是很有趣的一件事，無論是棒球、高爾夫、遊戲，全都是透過學習獲得快樂與成就不是嗎？

看電影同樣也能學習解決人際間的感情與糾葛、探究故事

發展；戀愛也是一種學習認識並了解對方的過程。

　　對我來說，育兒也是一種學習的過程，剛開始我完全不知道該如何和小孩玩、也不清楚小孩為什麼會一直哭，覺得既鬱悶又煎熬。不過，在閱讀育兒相關的書籍，以及接受專家的指導後，我終於理解小孩的發展過程與心理等，育兒才變有趣多了。我幾乎能猜到小孩哭鬧的原因，也能找到應對之道，因此，壓力也明顯減少了。

　　看見小孩順利成長，心中不禁感到喜悅與滿足，如果有人對育兒感到煩惱，就算我無法提共有效的解決方法，但至少能分享自己的經驗和相關資訊。如果和太太一起合作應該也能以育兒為主題，創造系統資產。

　　期待生活中學習的一切，日後能成為資產，為我們創造系統收入，這過程也能豐富我們的生活。

　　話雖如此，要透過構想創造系統收入並不容易。開設YouTube 頻道時，我對太太說：「我會努力經營，1 年內請妳吃炸雞」。

　　想獲得廣告收入，訂閱者至少要 1,000 人、收看時間 4,000小時。但談何容易，所以我把目標設定在 1 年內達成。

　　頻道出乎意料地受歡迎，開設的一、兩個月就達成目標了，目前靠 YouTube 賺取的收入每天是 1 美元多，一個月就是 4 萬韓元左右，足以買一份炸雞，但還不算是一筆大錢。扣除拍影片購買的裝備或程式後，現在終於達到損益平衡點（Breakeven point）了。

儘管最近一個月都無法拍影片上傳，但我依舊有收入。

或許有人會認為一個月收入 4 萬韓元很可笑，但這 4 萬韓元是系統收入就不可笑了。如果每個月想領到 4 萬韓元的定存利息，需要存多少錢？一個月 4 萬韓元，一年就是 48 萬韓元，如果套用利率 1.8 %，就是 480,000 韓元 ÷1.8 % = 26,666,667 韓元（約新台幣 666,667 元）。

我的 YouTube 頻道等同銀行存款 2,600 萬韓元的價值！

如果視為每個月 4 萬韓元的收入，也許會覺得不怎麼樣，如果當作是 2,600 萬韓元存款就不一樣了，只要一想到創造系統收入具有這麼高的價值，就能持續地累積。建議你可以試著利用構想賺取月收 1 萬韓元的系統收入，一個月 1 萬韓元就等於是具有存款 666 萬韓元的價值。

雖然看似困難，但利用構想創造系統收入的方法相當多樣化，例如，製作通訊軟體上的貼圖，利用貼圖賺取 10 億韓元以上的大有人在。此外，還有設計 APP，或是拍攝圖庫上傳販售等。

◆ 其他創造系統收入的方法

除了不動產、股票、構想，相信只要持續關注，日後就會慢慢發現其他能創造系統收入的投資標的或方法。後文會介紹我發現的其他兩種系統資產或系統收入，不過，我並不是要大

家仿效，因為還有尚未獲得驗證的風險，基於許多原因，我也還沒真正實踐。儘管如此，我認為只要多加關注系統收入，就一定能尋找到方法，另一方面，往後也該密切觀察這兩種方法的可行性。

自行創業

　　如果成功的話，這是最快讓你變富人的方法。提摩西・費里斯之所以一週只工作 4 小時也能成為富人，是因為他的事業已經自動化了；MJ・狄馬哥的《快速致富》也是因為把事業系統化。

　　韓國 KB 管理研究所發行的《2019 韓國富人報告》指出，富人的資產來源，第 1 名也是營業收入（見圖 9-1）。

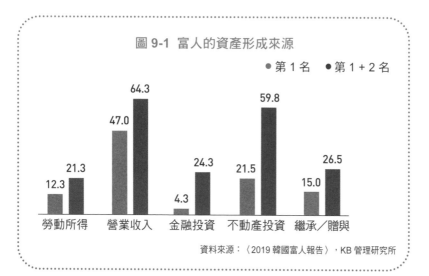

圖 9-1 富人的資產形成來源

● 第 1 名　● 第 1 + 2 名

- 勞動所得：12.3　21.3
- 營業收入：47.0　64.3
- 金融投資：4.3　24.3
- 不動產投資：21.5　59.8
- 繼承／贈與：15.0　26.5

資料來源：〈2019 韓國富人報告〉，KB 管理研究所

　　不過需要注意一點，成功的事例多，並不代表成功的機率就很高。舉例來說，以彩券頭獎中獎者為對象的調查結果顯示，夢見豬的人比沒夢見豬的人更多，這可以解讀為如果夢見豬，中獎的機率就比較高。

　　不過，如果是買彩券的人大多數都有夢見豬呢？平常對彩券沒興趣的人如果也夢見豬，應該會抱持碰運氣的心態去買一張彩券吧？舉例來說，實際中獎者中，10 個有 6 個（60％）夢見豬，但如果是買彩券的 1,000 人當中有 800 人（80％）都夢見豬，這樣看來，反而沒有夢見豬的人中獎機率更高。

表 9-13　發財夢與中樂透的機率

	夢見豬的人	沒有夢見豬的人
彩券中獎者（共 10 名）	6 名	4 名
彩券購買者（共 1,000 名）	800 名	200 名
中獎機率	6/800 = 0.75%	4/200 = 2%

　　因此，不是看到富人最多的資產是營業收入，就斷定創業能成為富人，實際上，也有很多人創業失敗。如果無法取得「嘗試創業者」的統計數據，就做出「想成為富人就必須立刻離職創業」的結論，可能太過草率了。

　　因為靠死薪水無法成為富人，所以就慫恿人辭職創業，實在太不負責任了。我的結論是，既然無法靠薪水成為富人，就該創造系統收入、累積資產。

　　我也曾和人一起創業，擔任公司負責人，不過，合夥經營的事業以失敗收場，現在經營的公司還稱不上是成功事業。

　　不過營業收入如果想變成系統收入，就必須系統化。創業初期雖然必須投入時間與努力，但等上了軌道，必須朝系統化發展，不用親自辦也能運作。

　　舉例來說，如果是經營餐廳，必須考慮未來是否能特許經營。就算你沒有待在廚房製作料理，餐廳也必須能繼續經營下去。一般來說，開餐廳的人通常都擁有一手好廚藝，如果泡菜鍋煮得好吃，就會開一間泡菜鍋店；如果擅長刀削麵，就會開一間刀削麵店，通常都會從事自己擅長的領域。

　　但企業家的想法則不一樣，會開泡菜鍋店，是因為大家都喜歡吃泡菜鍋；會開刀削麵店，一定是因為大家都愛吃刀削麵，不會以自己擅長的領域為主要考量，而是會考慮顧客的喜好。這是因為他們認為，就算自己下廚也無所謂，只要雇用廚師讓營運朝系統化經營就行了。

　　如果因為廚藝好而經營餐廳，那就不是成為企業家，而是成為專業的廚師。雖然無法評論企業家與廚師哪一個更好，但站在系統收入的觀點來看，企業家更具魅力。

　　如果從系統化的目標來看，並不適合專業職務。舉例來說，原本是領月薪的醫生，後來開個人醫院，醫院順利經營且規模變大後，是否就能系統化呢？就算醫生不用看診，醫院也能運作嗎？我的股市投資課程中不乏許多醫生，由於開醫院獲得的收入很難成為系統收入，所以通常會想學習投資或用其他

方式創造財富。

　　我剛開始也曾考慮透過創業增加系統收入，但最後我選擇利用構想。不過，在經營事業時，我沒有雇用職員，而是透過外包的方式讓事業系統化。如果你想創業獲得系統收入，建議一定要讀前文談過的《一週工作 4 小時》或是《快速致富》，這兩本書會是比我更棒的指導者。

投資 P2P 金融

　　P2P 是「Peer to Peer」的縮寫，代表個人對個人交易的意思。若是想完成個人之間的交易，必須連結需求者與供給者，IT 技術的進步讓配對變容易了。如同提供住宿服務的 Airbnb 或提供搭車服務的 Uber 等，P2P 的領域一天天擴大，其中連結資金需求與供給的就是 P2P 金融借貸 *。

圖 9-2 傳統透過銀行的借貸方式

存款　　貸款

---

* P2P 借貸又稱市場平台借貸，約自 2008 年全球金融危機爆發後興起。目前台灣尚不太盛行，部分平台業者仍是透過與銀行合作的方式經營。

　　在傳統的貸款方式中，資金供給者並不會直接與需求者連結在一起，都是透過銀行仲介，意即我存在銀行的錢被別人貸款借出，無法知道是誰借走了我的錢，但就算貸款者無法償還本金，我也能領回存在銀行的錢。較不會有拿不回本金風險，不過，絕大部分的貸款利息都是被銀行拿走了。

　　反之，P2P 貸款可以知道借款人是誰，提供 P2P 服務的仲介平台也可以讓借款人事先申請，讓投資者（貸款人）審查後選擇欲借錢的對象。舉例來說，農產品若是沒有透過盤商，消費者就可以用更便宜的價格買到商品，農夫也可以用較高的價格販售；如果不透過銀行借貸，借款者就能享有更低的利率，貸款者也能獲得更高的利息，不過，借款者若是無法償還本金，放款者就會虧損。

　　另外，P2P 貸款利息還必須負擔手續費，因此實際上的報酬率會更低。

圖 9-3　透過 P2P 的借貸方式

貸款仲介平台

這類服務平台經營初期看似穩定性較高，但那是因為還沒有到期的貸款。舉例來說，如果貸款期限是 3 年，一開始的 3 年間，本金的延遲率或虧損率都是 0，不過，3 年後期滿時，就會顯示實際回收率或虧損率。

經營初期會介紹各式商品項目，但隨著流入的資金越多，高風險商品也會越多。因此，在服務上軌道之前，我認為需要先靜觀其變，不急著投入資金。

如果你正考慮進行 P2P 貸款或投資，建議要時時做好應對風險的準備，以小額投資的方式進行，分散風險。

第10章

減少生活開銷

◁▽ 既然無法多賺，那就少花

第 5 章提到的生活開銷與奢侈開銷可以視為成本，如果認為自己沒有奢侈開銷，也把所有的支出都列為生活開銷。

大多數的理財書都說必須降低支出才能成為富人，認為想變有錢就必須在各方面都很節儉，但本書並沒有特別強調節省，理由在於，**增加收入比降低支出更有趣**。

人類在花錢時會覺得很幸福，我不清楚這是不是人類的天性，但可以確定一件事，就是所有的企業與販售者讓我們在花錢時，都會感受到一股幸福。

為了讓消費者感受到幸福，企業與販售者會竭盡所能地使用各種方式與技巧，甚至會說如果現在不花錢，你就會變不幸」、「如果連這點錢也不願為心愛的家人花，那人生就是失敗的。因為這樣才能讓你從口袋掏出錢！

我們每天工作是為了什麼？不就是想盡辦法讓顧客打開錢包嗎？

　　減少支出會覺得痛苦、憂鬱，甚至是忐忑不安。我明明每天承受壓力努力工作了，難道連這麼一點錢都不能花嗎？這麼辛苦賺錢，不就是為了在想要的時候花錢嗎？因此，就算書上說「減少支出才能成為富人」，但很少人能真正付諸實踐，反而是希望書中能傳授讓錢自然變多的方法。

　　也因為這樣，我才沒有提到太多關於節省支出的內容，而是選擇先詳細講解系統收入、如何讓錢變多，不過真正要去實踐並非容易的事。

　　如果每個人都能創造系統收入當然很好，不過現實卻總是事與願違。創業或是打造無形的構想資產並非一夕之間就能實現的目標；任何人都能投資股票股利，但若是想獲得一定規模的股利收入，仍須累積一定程度的資金。

　　就算每年報酬率是 6%，若每個月想獲得 10 萬韓元（約新台幣 2,500 元）的系統收入，就必須投資 2,000 萬韓元（約新台幣 50 萬元）。增加系統收入的過程絕不容易，而且很枯燥乏味。那麼，**成為富人的另一個選項，就是降低生活開銷。**

系統收入＞生活開銷

　　在富人公式中，創造 10 萬韓元系統收入和減少 10 萬韓元生活開銷的效果是一樣的，一般來說，降低生活開銷更容易。想成為富人，但若系統收入難以增加，就試著降低生活開銷

吧，不過切記一定要嚴格執行。

　　大多數人只要一有收入就會同時產生支出，等於是領到薪水後就立刻花掉。根據羅勃特・T・清崎的主張來看，窮人的現金流量就和圖 10-1 的類型①一樣，這類型的現金流量，無論賺多少錢都無法成為富人，因為無論賺多少都會花光，這樣怎麼能變有錢呢？沒有累積資產，終究是無法成為富人的。

　　相反地，富人的現金流量則是類型②的模式，不會一有收入就立刻花掉，而是投資能創造現金流的真資產，利用投資獲得的現金流支應生活開銷。

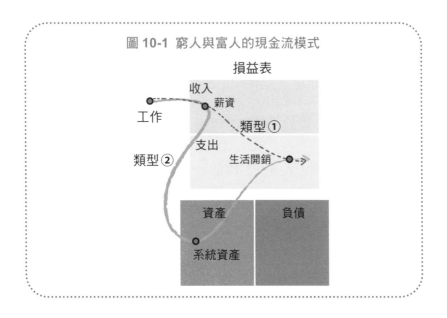

圖 10-1　窮人與富人的現金流模式

　　這就是我們追求的最終目標，投資系統資產後，利用系統收入負擔生活開銷。為了達成目標，就必須讓原本導向支出的

勞動收入，轉向到系統資產，也就是降低類型①現金流的比例，並且增加類型②現金流的比例。

你的現金流中，類型①和類型②的比例分別是多少呢？

有一個重要的思考方式能提升成為富人的機率——大多數的人，特別是窮人會先想到類型①的支出模式，也就是說，他們會把收入先扣除生活開銷，剩下的錢才會拿去儲蓄或投資，這種情況下要成為富人的可能性很低。反之，成為富人的人都會依照類型②的模式，把部分的收入投資資產後，利用剩下的錢生活。一般人應該要這樣思考才對。

不是利用花剩的錢投資，而是先投資再花剩下的錢！

為了方便理解，接下來會把類型①的現金流稱為「貧窮路」，把類型②的現金流稱為「富人路」。唯有降低通往貧窮路的支出，增加通往富人路的投資，才能成為富人。

❤ 至少投資收入的 20%

降低通往貧窮路的支出、增加通往富人路的投資後，能多快成為富人？

假設把系統資產的收入再次進行投資，因為唯有增加系統資產才能在短時間內增加系統資產成為富人。

為了達成此目標，就必須降低生活開銷，讓流向貧窮路的金錢轉移到富人路（圖 10-2）。

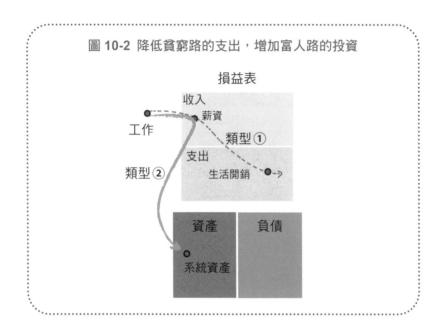

圖 10-2 降低貧窮路的支出，增加富人路的投資

降低生活開銷對成為富人有多少幫助？

假設你目前的收入是 100，生活開銷為 A，生活開銷以外的錢（100 - A）全都投資系統資產。系統資產可獲得 6% 的系統收入，透過再次投資，系統收入以 6% 的複利增加。等系統收入超越生活開銷，也就是成為富人，需要多久的時間？（見表 10-1）。

假設你的月收入是 100 萬韓元，生活開銷是收入的 90%，也就是 90 萬韓元。若想要以一年 6% 的系統收入支應生活開銷，就必須要有 1 億 8,000 萬韓元（約新台幣 450 萬）的系統資產。

表 10-1 依據生活開銷比例計算成為真富人所需時間

（單位：萬韓元）

生活 開銷率	每月生 活開銷	每月投 資金額	目標系 統資產	投資時間
90%	90	10	18,000	462 個月（38 年 6 個月）
80%	80	20	16,000	323 個月（26 年 11 個月）
70%	70	30	14,000	242 個月（20 年 2 個月）
60%	60	40	12,000	184 個月（15 年 4 個月）
50%	50	50	10,000	139 個月（11 年 7 個月）

這樣一年的系統收入就是「1 億 8,000 萬 ×6％ = 1,080 萬」，每個月可補貼 90 萬韓元。生活開銷剩餘的 10 萬韓元投資 6％報酬率時，若是要達到 1 億 8,000 萬韓元，需要 462 個月，也就是 38 年又 6 個月。

賺 1,000 萬韓元、花 900 萬韓元、投資 100 萬韓元，需要 18 億韓元的系統資產，同樣要 38 年 6 個月。無論所得高低，只要生活開銷在總收入中占的比例不變，需要的時間都一樣。

結論就是，如果收入的 90％用作生活開銷（前往貧窮路），想要成為富人就需要 38 年的時間；如果是 28 歲開始工作，就要等到 66 歲時才能成為富人。如果只花費 80％，用 20％來投資系統資產，大約需要 27 年的時間，也就是 55 歲。

也就是說，如果將收入的 20％拿去投資 6％報酬率的系統資產，每個人在 55 歲時都能退休成為富人，與你的收入多寡沒有任何關係。

只要投資收入的 20%，任何人都能成為富人！

或許有人會覺得需要花 27 年才能成為富人很久，但試著想像，等我們到 55 歲退休時，我們就能過著不再需要擔心生計的生活。我們生活周遭有多少這樣的人呢？我想大概不多吧。尤其韓國是 OECD 會員國當中老人貧窮率第 1 名的國家。

此處所說的富人並不是指資產 20 億韓元（約新台幣 5,000萬）以上的人，而是指本書所提倡的富人標準，**也就是系統收入超過生活開銷，成為不需要工作賺錢的富人。**

雖然不可能每個人都成為擁有資產 20 億的富人，但只要把收入的 20%投資 6%報酬率的系統資產，每個人都可以成為富人公式中的富人。我認為這就是資本主義的偉大之處。

最佳理財暢銷書大衛‧巴哈（David Bach）的《讓錢為你工作的自動理財法》（*The Automatic Millionaire*）正說明了這個概念，同時也是協助我們有效實踐的一本書。

書中提到，有一天，一對聽課的夫妻請正在上理財課的作者幫他們做財務規畫，丈夫是 52 歲普通的上班族，下個月就要退休，妻子則是美容師，兩夫妻的收入加起來也不算多，沒有繼承任何財產，沒有投資股市的經驗，也不具備專業的金融知識，這樣的夫妻怎麼會有勇氣打算退休？

檢視夫妻的財務狀況後發現，他們早已達到能退休的水準了。身為財務諮詢師的我很好奇，他們是如何以微薄的收入累積到財務自由的程度呢？後來發現，他們的祕訣非常簡單，就是將每月收入先撥出 15%！

一到發薪日，他們就將 15％的薪水自動轉帳到退休帳戶中，也就是美國的 401(k)*，只使用剩下的 85％維持生計。他們把剩下的 85％視為自己的全部收入，完全忽視自動轉帳的 15％，等於是把 15％先送往富人路，再用剩下的錢生活。

這是他們為了成為富人唯一採取的行動──將收入的 15％自動轉帳進行投資。他們沒有苦思投資標的，也沒有看財經新聞，只是腳踏實地使用 85％的收入生活。在他們投資的期間，美國的股價上漲率是 10％，假設退休金也有 10％的報酬率，透過 10％的系統報酬率與 85％的生活開銷，成為富人需要多久的時間？

計算後得到的答案是 19 年，如果是 10％的報酬率，只投資 15％的收入，19 年後就能成為富人。丈夫在二十多歲時就開始工作了 30 年，因此早就能成為富人了，不需要另外下工夫或找其他方法，再加上他們貸款買房子的錢，也是使用自動轉帳繳款，償還貸款後又用自動轉帳支付貸款的方式，買了一間房子收租金。

因為使用自動轉帳投資退休金、不動產後成為了富人，所以書的標題才會是《讓錢為你工作的自動理財法》。**將一定比例的收入送往富人路，未來就會自動變成富人。**

雖然環境我們也想利用這樣的方式成為富人，但很可惜的

---

* 也稱退休福利計畫，是美國在 1981 年創立的一種退休金帳戶計畫，政府把相關規定都納入在國稅法第 401(k) 條目中，因此簡稱為 401(k)。

是，環境卻不允許。韓國 2014 年～ 2018 年的退休金報酬率是 1.88％ *，就算是 2％的報酬率、將收入設定自動轉帳 20％進行投資，也需要 80 年的時間才能成為有錢人，由此可知，光憑月薪或定存是無法變有錢的。

因此，才會先探討是否有能取代報酬率不到 2％的定存，讓報酬率提升至 6％以上的投資標的。如果報酬率每年 6％，只要存下收入的 20％，27 年後就能成為富人。

⬦ 稅金與通貨膨脹

不過事實上，前文「成為富人時間」的計算中遺漏了兩項要素，那就是「稅金與通貨膨脹」。從現實面來說，這兩項是一定要考慮的要素，具備非常大的影響力，有時甚至會和原計算結果截然不同。

若是將稅金納入考量，實質稅後報酬率會更低。假設稅率是 20％，就算有 6％的報酬率，實質稅後報酬率也只有 4.8％（6％ ×〔1 - 20％〕）。

另外也要考慮通貨膨脹的部分。韓國 2015 年～ 2018 年的通貨膨脹率是 1.462％ **，預測未來的通貨膨脹率大概是 1.5％，

---

* 資料來源：韓國《聯合新聞》，2019 年 11 月 13 日。

** 2018 年韓國統計廳消費者物價指數以 2015 年為基準是 10445，因為年複合成長率（GAGR）的關係，連續 3 年上升 1.462％；2019 年物價上升率低到有通貨膨脹的疑慮。

實質稅後報酬率則是 3.3％（4.8％ - 1.5％）。

考慮稅金與通貨膨脹後，原本 6％的報酬率變成 3.3％，幾乎等於砍半。建立理財的長期計畫，或是計算金融商品的期望報酬率時，若是沒有考慮稅金與通貨膨脹，很可能會導致嚴重地誤判。

銀行的利率 1.80％，這只是名目上的稅前報酬率而已，扣除稅金與通貨膨脹的實質稅後報酬率是 -0.06％（1.80％ ×〔1 - 20％〕- 1.5％）。這就是靠銀行的利息很難成為富人的原因。由於目前銀行儲蓄的實質報酬率是負的，把錢存在銀行雖然能守住帳面金額，但卻無法真正守住財富。

如果以實質稅後報酬率 3.3％計算，成為富人需要花多久的時間？6％的報酬率要花 27 年的時間才能成為富人，如果改以扣除稅金與通貨膨脹的 3.3％報酬率計算，則需要花 49 年的時間才能成為富人。

隨著報酬率砍半，成為富人需要的時間也會加倍。也就是說，如果是 28 歲開始實踐，要到 77 歲時才能成為富人，不僅需要更長的時間，要工作到 77 歲也很困難。因此，為了更快成為富人，只好少花一點，把更多的錢送往富人路。

▽ 光靠省錢和存錢無法致富

扣除通貨膨脹率與稅金後，就算把 20％的收入送往富人

路，成為富人還需要 49 年的時間。77 歲退休、成為真富人也不錯，不過要持續工作到 77 歲則是件很困難的事。因此，如果想更早成為富人，過自己想要的生活，就該降低生活開銷，增加送往富人路的錢。

有無扣除稅金與通貨膨脹，兩者各自達成財務自由的時間（見表 10-2）。

表 10-2 將稅金與通貨膨脹納入考量，成為富人所需的時間

生活開銷率（％）	沒有稅金與通貨膨脹時的投資時間	扣除稅金與通貨膨脹後的投資時間
90	462 個月（38 年 6 個月）	839 個月（69 年 11 個月）
80	323 個月（26 年 11 個月）	587 個月（48 年 11 個月）
70	242 個月（20 年 2 個月）	439 個月（36 年 7 個月）
60	184 個月（15 年 4 個月）	334 個月（27 年 10 個月）
50	139 個月（11 年 7 個月）	253 個月（21 年 1 個月）
40	103 個月（8 年 7 個月）	187 個月（15 年 7 個月）
30	72 個月（6 年 0 個月）	130 個月（10 年 10 個月）

如果將收入的 30％ 送往富人路，36 年 7 個月後就能成為富人，也就是 28 歲開始工作的話，65 歲就能變成富人；若是改為收入的 40％，56 歲時就能成為富人；投資 50％，則 50 歲時就能退休，過上財務自由的生活。

如同 FIRE 族，也是用這個方法達到財務自由、提早退

休。FIRE 族以存 70％的收入、40 歲左右退休為目標，就如同表 10-2 看見的一樣，只使用收入的 30％，把 70％送往富人路，就算考慮到稅金與通貨膨脹，也只要 11 年就能成為富人，等於 39 歲就財務自由。

其實成為富人的基本原則每個人都知道，那就是「節省與存錢」，這也是我父母不厭其煩強調的。只是現在**光憑省錢與存錢是無法成為富人的，還需要一個條件──投資！**

一般人的退休年齡為 65 歲，若是想在這個年齡成為富人，就該將收入的 30％進行投資；若要更快成為富人，就必須使用收入的 40％投資，如此一來，大約 55 歲就能成為富人，過上財務自由的退休生活；如果投資收入的 50％，50 歲就能成為富人。

將收入的 40％～ 50％存起來雖然不是件簡單的事，但也不是完全不可能。

關於節省薪水與存錢的方法，可以參考韓國理財類暢銷書《媽媽咪呀月薪理財實踐法》＊，書上詳細說明了如何防止不必要支出與節省的方法。作者也提到把薪水的 50％以上用來儲蓄並非是遙不可及並在其經營的「月薪族理財研究」社群中，介紹了成員的儲蓄與投資比例統計（見圖 10-3）。

＊ 長年盤據韓國 YES24 網路書店暢銷榜的理財書，教導讀者如何從領死薪水的上班族，過上財務自由的生活。

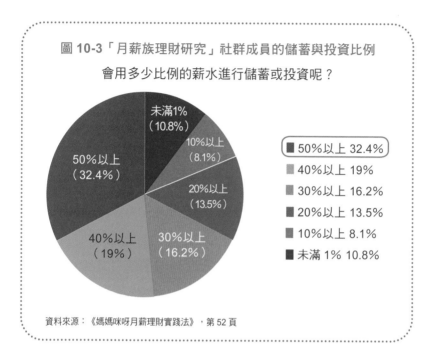

圖 10-3「月薪族理財研究」社群成員的儲蓄與投資比例

會用多少比例的薪水進行儲蓄或投資？

未滿1%
（10.8%）

10%以上
（8.1%）

50%以上
（32.4%）

20%以上
（13.5%）

40%以上
（19%）

30%以上
（16.2%）

- 50%以上 32.4%
- 40%以上 19%
- 30%以上 16.2%
- 20%以上 13.5%
- 10%以上 8.1%
- 未滿 1% 10.8%

資料來源：《媽媽咪呀月薪理財實踐法》，第 52 頁

　　將 50％以上薪水用來儲蓄或投資的人出奇的多，過半數的
成員會把 40％以上的薪水都拿來儲蓄或投資。

致富
練習

想成為富人該投資多少錢？

在第 8 章的致富練習中，我們曾利用 Excel 算出要存到目標金額需要的時間，本章的「依據生活開銷決定成為富人的時間」同樣也是使用 Excel 計算。

假設收入是 100 時，如果生活開銷率是 70%，生活開銷就是70。一個月的投資金額就是 30，報酬率如果是 6%，系統資產則是 14,000（〔70×12〕÷6%），函數如下：

RATE（報酬率）= 6% /12 = 0.5%

PMT（繳納金額）=（-）30

PV（目前持有金額）= 0

FV（未來目標金額）= 14,000

A1			fx	=NPER(6%/12,-30,0,14000)		
A	B	C	D	E	F	G
241.396						

將前文提到的韓國稅率 20% 與通貨膨脹 1.5% 納入量，實質

稅後報酬率是 3.3%（〔6%×1 - 20%〕- 1.5%），現在系統資產
是 25,454.5（〔70×12〕÷3.3%），需要的時間從 242 個月變成
439 個月。

	A1		▼		*fx*	= NPER(3.3%/12,−30,0,70*12/3.3%)	
	A	B	C	D	E	F	G
1	438.41						

　　如果逆向思考，想計算在目標期間成為富人所需要的投
資金額，在投資時間（NPER）固定的狀態下，算出繳納金額
（PMT），此時只要使用 PMT 函數代替 NPER 函數即可。
　　PMT 函數的語法如下：

> PMT（rate, nper, pv, [fv], [type]）

　　若是要計算 10%的報酬率，10 年後要創造出 1,000,000 韓元
（約新台幣 25,000），每年需要繳納多少錢？只要如下輸入引數
即可：

> RATE（報酬率）= 10%
>
> PMT（繳納金額）= 10
>
> PV（目前持有金額）= 0
>
> FV（未來目標金額）= 1,000,000

A1			fx	= PMT(10%,10,0,1000000)		
A	B	C	D	E	F	G
−₩62,745						

　　代表若是 10％的報酬率，10 年後要創造 1,000,000 元，每年必須投資 62,745 韓元（約新台幣 1,569 元）。

　　假設目前年齡是 35 歲，希望在 23 年（276 個月）後 58 歲時成為富人，目標系統收入是每月 2,000,000 韓元（約新台幣 50,000 元），實質稅後報酬率套用 3.3％時，目標系統資產是 727,272,727 韓元（〔2,000,000 元 ×12 個月〕÷3.3％）（約新台幣 18,181,818 元）。

　　如果目前的資產是 2 億韓元，從現在開始，每個月必須投資多少錢呢？由於目前持有的 2 億韓元須以 3.3％報酬率投資（因為函數定義「繳納」），持有的金額就會變成 -2 億元。

RATE（報酬率）= 3.3% / 12

PMT（繳納金額）= 23 年 ×12 個月

PV（目前持有金額）=（-）200,000,000

FV（未來目標金額）=（2,000,000×12）/ 3.3%

　　此時利用 PMT 函數就能計算，如果以目前擁有的 2 億韓元，以及每個月額外投資 73 萬韓元（約新台幣 18,250 元），就能達成想要的目標。

A1			f_x	= PMT(3.3%12,23*12,−200000000,2000000*12/3.3%)				
	A	B	C	D	E	F	G	H	I
1	−₩728,756								

如果懂得使用 Excel，就能更換報酬率、投資時間、目標系統收入，計算出每個月的投資金額。

B7			f_x	= PMT(B1/12,B2*12,B3,B6)
	A	B	C	D	E
1	報酬率（年）	3.3%			
2	投資時間（年）	23年			
3	目前持有金額	−₩200,000,000			
4	目標系統收入	₩2,000,000			
5					
6	目標系統資產	₩727,272,727			
7	每月投資金額	−₩728,756			

目標系統資產（B6）如下，把目標系統收入（B4）乘以 12 後除以收益率（B1）。

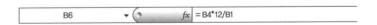

B6			f_x	= B4*12/B1

如果能以 4.3% 讓實質稅後報酬率增加 1%，每個月的繳納金額只要 45,500 韓元（約新台幣 1,138 元），目前擁有的 2 億元如果以每年 4.3% 的複利增加，23 年後就會是 5 億 3676 萬（約新台幣 1,341.9 萬元），這筆錢就能填補大部分的目標金額 5 億 5814 萬元，因此幾乎不需要額外的繳納金額。

	B7	▼	fx	= PMT(B1/12,B2*12,B3,B6)	
	A	B	C	D	E
1	報酬率（年）	4.3%			
2	投資時間（年）	23年			
3	目前持有金額	−₩200,000,000			
4	目標系統收入	₩2,000,000			
5					
6	目標系統資產	₩558,139,535			
7	每月投資金額	−₩45,500			

如果現在零存款，3.3%的報酬率，每個月要投資 176 萬韓元（約新台幣 4.4 萬元）；4.3%的報酬率則是每個月要投資 119 萬韓元（約新台幣 29,750 元）。

	B7	▼	fx	= PMT(B1/12,B2*12,B3,B6)	
	A	B	C	D	E
1	報酬率（年）	3.3%			
2	投資時間（年）	23年			
3	目前持有金額	₩0			
4	目標系統收入	₩2,000,000			
5					
6	目標系統資產	₩727,272,727			
7	每月投資金額	−₩1,763,801			

	B7	▼	fx	= PMT(B1/12,B2*12,B3,B6)	
	A	B	C	D	E
1	報酬率（年）	4.3%			
2	投資時間（年）	23年			
3	目前持有金額	₩0			
4	目標系統收入	₩2,000,000			
5					
6	目標系統資產	₩558,139,535			
7	每月投資金額	−₩1,187,792			

第11章

成為富人的基本原則

◇ 比起賺多少錢，能存多少更重要

就算同意系統收入大於生活開銷才能成為富人，還必須針對目標好好思考，因為就算目的地相同，如果出發點不一樣，導航告知的路線也會全然不同。也就是說，每個人都想成為富人，但個人的財務狀況與環境不同，因此，必須根據自身狀況仔細思考、尋找方法，再付諸行動。以下提供一般方法與幾個相關事例。

在制定成為富人的具體計畫前，我們再整理一次基本原則吧。如同瘦身的方法雖然千奇百種，最基本的原則還是「少吃多運動」，成為富人的基本原則也一樣，基本原則就是**將收入的一定比例存起來投資**。做法如下：

- 依照達成目標時間，存 **30%以上的收入**。
- 把存下來的錢投資年報酬 **6%以上的資產**。

最好先設定自動轉帳，把 30％的收入存起來，把剩下的70％視為自己的全部所得。千萬別急著認為自己辦不到，所得比你低 30％的人也是過著這樣的生活。這樣並不委屈，而是為了擺脫貧困、成為財務自由的富人，才會過節省的日子。

我再強調一次，富人公式中成為富人的方法並不是「賺很多的錢」，而是無論賺多少錢，都要把 30％以上的所得存起來投資。比起賺 1,000 萬花 800 萬的人，賺 200 萬只花 140 萬的人能更快成為富人，不是嗎？

最常向我傾訴財務煩惱的職業是醫生，他們的問題不是怎麼讓醫院經營更好、賺更多錢，大致上都問兩個問題，一個是「該怎麼投資」，另一個則是「該如何勸太太少花錢」。

「我的職業是專業人士（醫生），但我每天都過著戰戰兢兢的日子，擔心有一天會入不敷出，我太太卻完全不會，她好像認為反正我會負責賺錢，自己負責花錢就好。導致不管我多麼辛苦賺錢都存不到錢，我該怎麼解決這個問題？」

我們知道有許多原本很紅的藝人或運動選手，晚年都過得很悲慘，相反地，也有在市場賣水果，後來買房子的人。我要再次強調，**比起賺多少錢，能夠存多少錢更重要**。

醫生提出的兩項問題，就是組成富人公式的要素。「該怎麼投資」等於是「該如何增加系統收入」，「該如何勸太太少花錢」可視為「該如何減少生活開銷（存多少錢）」。試著以這兩項主題規畫成為富人的藍圖！

✓ 單身者至少存收入的 50%

由於成為富人的基本原則是「將收入的一定比例拿來投資」。因此第一階段是把一部分的收入存起來，那麼該存多少錢呢？前文建議至少要存 30%以上，雖然希望能存越多越好，不過，與其把目標訂為「越多越好」或「一定要很多」，設定能實際達成的具體數字會更好。

生活以外的開銷會依照人生階段或撫養家人的人數而不同，20 多歲的單身者與 40 多歲需撫養子女的支出當然不一樣，我想依照年齡與狀況區分，提出值得當作參考的指南。

如果是未婚或單身，建議至少要存收入的 50%以上，職場生活初期是最適合存錢的時期。我剛進社會時，甚至有遇過把薪水 100%全都存起來的人。

會計事務所的工作十分忙碌，業務量也很龐大，經常要加班，每週幾乎要工作 52 小時，所幸加班還有加班費，雖然不是很多的錢，但還是足以支付每天的餐費與交通費，解決基本開銷。

有位同事家在首爾，而且未婚，所以是和父母親住在一起，不需要付房租。他用加班費維持生活開銷，薪水則全都存起來。因為他未婚，而且住家裡，所以才能把薪水全都存起來，一般人如果覺得要將收入 100%存起來很困難，可以試著挑戰把 50%的收入存起來就好。

其實結婚前最大的開銷就是約會，為了取得異性的好感，

在打扮與治裝上會花很多錢，還會去平常不可能去的高級餐廳吃飯，紀念日也會送昂貴的禮物。可能有些人認為生日一年只有一次，送貴一點的禮物沒關係，但通常紀念日不會只有生日而已，西洋情人節、白色情人節、玫瑰情人節 *、聖誕節、初次見面的日子、決定交往的日子、牽手的日子、接吻的日子全都是一年一次，還有一輩子只有一次的交往 100 天、200 天、300 天紀念日……。

我們都不希望與另一半經常發生價值觀衝突。有些情侶深交後才因為宗教差異而分手，或是因為雙方家長的政治理念不同而悔婚，因此交往初期就該了解彼此的宗教或政治理念，此外，金錢觀也很重要。

夫妻對於金錢的想法或觀念如果有太大的差異，婚後生活可能會產生問題，10 年後說不定就會寫信問會計師：「我該如何勸我太太少花錢呢？」就像是了解彼此的宗教信仰一樣，對於金錢的想法或態度也需要確認一下。

如果不方便親自問，可以試著推薦另一半也閱讀本書，互相討論看完書後的感想。如果彼此的想法差不多，就可以決定攜手走下去，並且一起製作共同的財務狀況表。

---

* 韓國將 5/14 定為玫瑰情人節，許多情侶都會選在這天到郊外旅遊。

❤ 雙薪頂客族至少也要存收入的 50%

結婚後，夫妻都有工作而且還沒有小孩，和單身時一樣，必須存夫妻總收入的 50% 以上，因為小孩出生後，就會變得難以存錢。

養育小孩後就會明白，自己的開銷能節省，但小孩的開銷就非常難省。自己省吃儉用沒有關係，但節省小孩的花費就會覺得愧疚，甚至產生罪惡感。每天喝一杯高級咖啡和小孩每天喝的奶粉錢是差不多的，不喝咖啡和不給小孩喝牛奶，哪一個比較煎熬呢？

年輕時，就算過著匱乏的生活也不覺得悲慘，但有了需要撫養的人後，手頭稍不寬裕就會覺得很悲慘。我的新婚生活雖然是在 11 坪大的房子裡度過的，但卻沒有太大的不便，對現在擁有庭院的房子、能看小孩玩樂的我來說，那是一段美麗的回憶。

新婚生活的幸福關鍵，並非是富裕的生活，如果是真心相愛，就算沒有富裕的物質生活也會覺得滿足；新婚生活會不快樂，不是因為「不足」而是因為「比較」，如果習慣和周圍的人比較，就會永遠無法滿足。原本住在一般社區，存到錢後搬到高級社區就會滿足嗎？就算滿足也只是短暫的，因為周圍的有錢人變多了，自己就會習慣性地再去比較。

根據心理學研究指出，人類喜歡接觸新事物，因此容易不滿足。每天吃 6,000 韓元（約新台幣 150 元）午餐的人，會

比吃 5,000 韓元（約新台幣 125 元）午餐的人幸福 20％嗎？每天吃價值 1 萬韓元（約新台幣 250 元）的餐點，幸福就會變成兩倍嗎？原本吃 5,000 韓元的午餐，當開始吃 1 萬韓元的午餐時，可能會覺得很幸福，但那股幸福不會持續，相反地，開銷會因此倍增。

如果覺得減少開銷很痛苦，先試想以下情況：週五和週日你比較喜歡哪一個呢？大部分的人都比較喜歡週五，但是週日是休息日、週五是上班日，為什麼會選週五呢？答案就在於對未來的期待。

週五之後是可以休息的週六和週日，但週日結束後是需要上班的週一，站在消費的角度來看，比起擁有渴望的物品，期待會更具幸福感。

如果問兒子想要什麼聖誕禮物，有所期待的他會苦思並想著自己是否能獲得禮物，之後每天早上起床都會先問：「爸爸，聖誕節還有多久？」他每天都想像著聖誕老人送自己玩具車，最後他終於收到自己期盼已久的禮物，開心到忍不住手舞足蹈，但玩了幾個小時後，他就一副興致缺缺的樣子。

聖誕節前一週與聖誕節後一週，兒子會覺得哪段日子比較幸福呢？我認為他收到禮物前，看起來比收到禮物時更幸福。同理，說不定我們在購買某個物品前，會比購買後更幸福，所以希望你不要急著買，能夠好好享受那份幸福，現在減少的欲望，日後能帶給我們更大的禮物。

❼ 有小孩至少存收入的 30%

小孩出生後，開銷就會突然增加，不只是多一個人吃飯這麼簡單。小孩出生前如果把薪水的 50% 或 60% 以上存起來，出生後應該還能存 30%；如果夫妻其中一人必須放棄工作，情況就會變糟，收入減少一半，但支出卻增加 50%，所以生小孩可能會變成一大經濟負擔。

養小孩需要多少錢呢？首爾家庭法院製作的「撫養費計算基準表」可以當作參考（見表 11-1）。夫妻離婚後，沒有監護權的一方須付撫養費給有監護權的一方。

表 11-1 是 2019 年的計算基準表。以 2 名子女為基準，依照父母總所得與子女的年齡，提供撫養費基準。依照父母總所得計算撫養費負擔率，結果見表 11-2。

大致上是把所得的 20% ～ 30% 設定為標準撫養費，因此，有小孩之前，本來能存 30% 收入的家庭，在小孩出生後，就會變成連一毛錢都很難存。因此，沒有子女時就該把 50% 以上的收入存起來。

子女出生後，增加最多的就是教育費。表 11-3 是韓國家計金融福祉調查統計資料中，依照戶口數比較每戶消費支出特性製成的表。

表 11-1 撫養費計算基準表

單位：韓元

父母合計所得（稅前）／子女的年齡	0～199 萬元	200～299 萬元	300～399 萬元	400～499 萬元	500～599 萬元	600～699 萬元	700～799 萬元	800～899 萬元	900 萬元以上
	平均撫養費（元）撫養費區間	平均撫養費（元）撫養費區間	平均撫養費（元）撫養費區間	平均撫養費（元）撫養費區間	平均撫養費（元）撫養費區間	平均撫養費（元）撫養費區間	平均撫養費（元）撫養費區間	平均撫養費（元）撫養費區間	平均撫養費（元）撫養費區間
0～2歲	532,000 / 219,000~592,000	653,000 / 593,000~735,000	818,000 / 736,000~883,000	948,000 / 884,000~1,026,000	1,105,000 / 1,027,000~1,199,000	1,294,000 / 1,120,000~1,341,000	1,388,000 / 1,342,000~1,487,000	1,587,000 / 1,488,000~1,670,000	1,753,000 / 1,671,000以上
3～5歲	546,000 / 223,000~639,000	732,000 / 640,000~814,000	896,000 / 815,000~974,000	1,053,000 / 975,000~1,121,000	1,189,000 / 1,122,000~1,284,000	1,379,000 / 1,285,000~1,477,000	1,576,000 / 1,478,000~1,654,000	1,732,000 / 1,655,000~1,828,000	1,924,000 / 1,829,000以上
6～11歲	623,000 / 244,000~699,000	776,000 / 700,000~864,000	952,000 / 865,000~1,044,000	1,136,000 / 1,045,000~1,219,000	1,302,000 / 1,220,000~1,408,000	1,514,000 / 1,409,000~1,559,000	1,605,000 / 1,560,000~1,717,000	1,830,000 / 1,718,000~1,997,000	2,164,000 / 1,998,000以上
12～14歲	629,000 / 246,000~701,000	774,000 / 702,000~884,000	995,000 / 885,000~1,107,000	1,220,000 / 1,108,000~1,303,000	1,386,000 / 1,304,000~1,484,000	1,582,000 / 1,485,000~1,650,000	1,718,000 / 1,651,000~1,797,000	1,876,000 / 1,798,000~2,143,000	2,411,000 / 2,144,000以上
15～18歲	678,000 / 260,000~813,000	948,000 / 814,000~1,076,000	1,205,000 / 1,077,000~1,290,000	1,376,000 / 1,291,000~1,493,000	1,610,000 / 1,494,000~1,715,000	1,821,000 / 1,716,000~1,895,000	1,970,000 / 1,896,000~2,047,000	2,124,000 / 2,048,000~2,394,000	2,664,000 / 2,395,000以上

※ 以全國養育子女 2 人的家庭為基準
資料來源：首爾家庭法院

表 11-2 所得對照撫養費負擔率

單位：韓元

合計所得中間值／子女的年齡		250 萬元	350 萬元	450 萬元	550 萬元	650 萬元	750 萬元	850 萬元
0～2歲	撫養費	653,000	818,000	948,000	1,105,000	1,294,000	1,388,000	1,587,000
	所得相較比例（%）	26.1%	23.4%	21.1%	20.1%	19.9%	18.5%	18.7%
3～5歲	撫養費	732,000	896,000	1,053,000	1,189,000	1,379,000	1,576,000	1,732,000
	所得相對比例（%）	29.3%	25.6%	23.4%	21.6%	21.2%	21.0%	20.4%
6～11歲	撫養費	776,000	952,000	1,136,000	1,302,000	1,514,000	1,605,000	1,830,000
	所得相對比例（%）	31.0%	27.2%	25.2%	23.7%	23.3%	21.4%	21.5%
12～14歲	撫養費	774,000	995,000	1,220,000	1,386,000	1,582,000	1,718,000	1,876,000
	所得相對比例（%）	31.0%	28.4%	27.1%	25.2%	24.3%	22.9%	22.1%
15～18歲	撫養費	948,000	1,205,000	1,376,000	1,610,000	1,821,000	1,970,000	2,124,000
	所得相對比例（%）	37.9%	34.4%	30.6%	29.3%	28.0%	26.3%	25.0%

表 11-3　比較各人口消費支出

（單位：萬韓元）

家庭成員人數　支出類別	2 人	3 人		4 人	
	金額	金額	增加率	金額	增加率
消費支出	1,990	3,107	56.1%	3,927	26.4%
食品	632	913	44.5%	1,084	18.7%
居住費	287	341	18.8%	370	8.5%
教育費	30	312	940.0%	745	138.8%
醫療費	212	187	-11.8%	180	-3.7%
交通費	208	327	57.2%	369	12.8%
電信費	114	204	78.9%	247	21.1%
其他支出	507	824	62.5%	932	13.1%

資料來源：韓國統計資料庫（kosis.kr），家計金融福祉調查，2019 年

　　隨著每戶人口數從 2 人增加至 3 人、4 人後，教育費就會大幅增加。2 人時，教育費占整體消費支出 1.5％；3 人時增加為 10％；4 人時增加為 19％，由此可知教育費會隨著子女人數增加而形成龐大的負擔。

　　我想分享一下 10 多年前，會計事務所前輩對我說過的話。他育有兩名子女，當時我們在談論孩子的教育，他說自己不會讓子女就讀私立學校。如果要讓子女成為和自己一樣的會計師，他親自計算過了所需的教育費，一名子女大約需要一間房子的金額。為了供兩名子女讀書，需要花費兩間房子的錢，

於是他換個角度思考。

培養子女成為會計師比較好？還是買一間房子給他比較好？

若是要以會計師的薪水買一間房子，需要超過 10 年的時間，前提是把薪水全部存起來，一毛都不花。事實上，要工作超過 15 年以上才能勉強買一間房子，沒有房子的會計師與擁有房子的一般上班族，到底哪一個會過著比較滿足的生活呢？

前輩思考了這個問題後，得到的結論是後者。所以他不會刻意讓子女就讀私立學校，不過會各自買一間房子給他們，讓他們從事自己想做的工作。我非常認同他的想法。

我同樣也不想為了就讀名校，讓兩名子女接受私立教育（雖然我很想說「完全不想」，但還是不要太嘴硬），我想教授子女的並非是如何在大企業就職，或成為醫生、律師等專業人士，而是創造系統收入的方法。

我原本是一個高所得奴隸，一直到我擁有系統收入後，才終於享有財務自由。我認為與其把錢花在孩子的私立教育，還不如為了孩子把那筆錢用來投資系統資產會更好：「我幫你創造了系統收入，你就去找自己喜歡的工作吧，無論什麼工作我都會支持你！」

我會傳授子女創造系統收入的方法，建構好系統收入，就等於是經濟上有了後援，不用為錢煩惱。我還想培養孩子兩項好習慣，那就是閱讀和運動。

擁有系統收入，再加上養成閱讀與運動的習慣，我相信兩個兒子未來一定能過著比我更出色的生活。在我決定搬去濟州

島時，周遭最常聽見的問題之一就是「孩子的教育怎麼辦？」幫助孩子擁有系統收入，以及培養閱讀與運動習慣，會因為在濟州島或鄉下而受到限制嗎？這兩項需要私立教育嗎？

總而言之，我們需要的是把 30%的收入存起來！

◈ 越晚投資，投入的金額要更高

相信有 40 歲或 50 歲以上的人讀到這裡，或許都會很懊惱地說：「為什麼沒有早點知道」，我同樣也是到了 40 歲才明白這一點。

雖然我很清楚要創造系統收入，但卻不知道方法；雖然知道要有報酬率超過 6%的系統資產，但因為沒有足夠的資金能投資，只好繼續靠勞力賺錢。

當我找到能享有財務自由的方法，卻因為資金不足而無法付出行動，心想如果有富爸爸或富媽媽、如果收入高的時候能多存一點錢、如果能更早一點明白這個道理該有多好。

有一天我結束 8 小時課程，回家洗澡時，淚水就莫名地奪眶而出。我蹲坐在浴缸裡啜泣，雖然知道太太聽見我的哭聲會很擔心，但我還是無法停止哭泣，我覺得很委屈和氣憤。**如果能在年輕時就明白系統收入的重要，如果有人能早一點告訴我該有多好！**

當然這本書會幫我創造另一個系統收入──版稅，不過，

就算沒有系統收入，我也想要把富人公式告訴大家。我巴不得希望國小、國中、高中教科書也能加入本書的內容，讓所有人都能早點明白。如果中年以後才明白，應該會和我一樣懊惱。

雖然晚了一點，但現在知道也該感到慶幸，並且試著去尋找最適合自己的方法。如果孩子正值學齡期，減少開銷絕對不是簡單的事。如果目前就讀私立學校，那現在該停止就讀嗎？對沒有經驗的我來說，實在難以給予肯定的答覆，必須由你自行尋找答案。

假設目前的情況難以降低支出，那就只能提高收入。若是無法減少支出、存30%以上的收入，就該增加收入來源，確保能存30%的收入。

我們應該放下遙控器從沙發上站起來，不是為了孩子，而是為了追尋自己的人生，為了擺脫靠勞力賺錢，過自由人生而展開行動。實際上，韓國退休的平均年齡是57歲，如果目前累積的財產無法放心過退休生活，就從現在開始，做好「Two Jobs」經營副業的準備，開啟人生第二篇章。

值得慶幸的是，現在是一個更容易擁有副業的時代，雖然有人會說景氣差、生意差，但那是堅持舊方法的人才會面臨的問題。或許就如同韓國知名Youtuber「新師任堂」說的一樣，現在是有始以來最好賺錢的時代。

話雖如此，這也不代表任何人都能輕易賺錢。過去就算有賺錢的創意、意志、才能，要付出行動仍很困難，不過，現在許多領域的門檻都變低了，就算沒有租借辦公室、聘雇人員，

透過委外（outsourcing）也能經營事業。

我剛開始成立的公司是 1 人企業，利用線上法人設立系統（startbiz.go.kr）成立公司，採取較便宜的共同工作空間再透過網站找到自由設計師製作公司的 Logo 和名片，現在已經進入一人公司的時代，相對地，經營線上商店或副業也容易多了。

雖然起步容易，但要獲得成功依舊很困難。與其想要立刻賺大錢，不如把目光放遠，抱持累積經驗的想法。

就算不創業，還有很多能讓收入增加 30 ％的副業可以選擇，例如，運輸或配送領域中，一般人可以從事代駕、商品配送、食物配送等各種不同的工作。

如果體力有限，難以從事勞動相關的副業，可以試著尋找用資產賺錢的副業。就像前文談過的一樣，把假資產變成真資產吧。假設目前持有的房子，因為小孩長大離家，有閒置的空房間，也能嘗試透過 Airbnb 出租。只要關注搜尋，就能找到比以前更多的賺錢機會。

如果因為太晚知道而後悔，那就改變一下思維吧。根據 OECD 平均壽命資料，1980 年的平均壽命是 65.0 歲，2020 年已經增加為 82.8 歲了*，同樣是在 57 歲退休，過去退休後如果還有約 8 年的退休生活，現在則會有 26 年的時間。

假設 30 歲進公司，57 歲離開公司，等於是工作 27 年，由於平均壽命增加了將近 20 年，其實就算再次進入職場生活也

---

* 資料來源：韓國統計資料庫，〈國際統計年鑑：預期壽命 OECD〉。

無妨。

實際上，韓國統計廳發表的雇用動向資料顯示，65 歲以上的就業人數與雇用率有持續增加的趨勢（令人遺憾的是，此一現象的重點不是年長者的工作機會變多，而是年老後依舊得付出勞力工作）。

很多人都說退休後是「人生的第二春」，從此一觀點來看，50 歲才學會富人公式並不需要懊悔，在第二人生開始前能領悟這個道理是值得慶幸的。如果第一人生單純只依賴勞動收入，第二人生就加入系統收入吧，即使未能獲得財務自由，但加入系統收入後，也會輕鬆很多。

舉例來說，假設人生下半場的生活開銷是 300 萬韓元，在沒有系統收入的狀態下，就必須完全依賴勞動收入。不過如果能建構約 100 萬韓元的系統收入，勞動收入只要賺取 200 萬韓元就行了。

一把年紀要找到每月 300 萬韓元薪水的工作，想必競爭一定很激烈，而且也很困難；但如果是月薪 200 萬韓元的工作，選擇性相對地就會更多；如果是月薪 100 萬韓元，那就可以更從容，甚至可以選擇自己想要做的工作。退休不是「從勞動中獲得解脫」，而是能「做真正想做或有意義的事」，就算無法財務自由，也應過有意義的退休生活。

如果因為年紀大卻還沒有系統收入而難過，那我就來告訴你一項值得慶幸的事。其實我們每個人都有一個系統資產，雖然還無法創造出收入，但等年老後就會提供系統收入，那就是

「國民年金」。

　　雖然國民年金的報酬率或破產可能性等，引發各種不同的意見，但我認為這仍是一項不錯的制度。如果連國民年金都沒有會怎麼樣？那就等於是完全沒有系統收入，年老後還要為錢煩惱。

　　如何得知自己有多少國民年金呢？在韓國，登錄國民年金公團官網（nps.or.kr）就能查詢自己可領取的年金預估金額[*]，在該網站申請後，除了國民年金，還能查詢個人年金或退休年金。

　　當我知道自己有不少的系統收入後，覺得相當欣慰。但如果國民年金是我退休生活的唯一收入，我可能就會很失望，因為金額 無法支應生活開銷，不過如果是當作退休後其中一項系統收入，那可說是一筆很大的金額，可能比目前為止我建立的系統收入都還要高。一想到每個月都要自動繳納保費，就讓人很不是滋味，但想到是自動投資系統資產後，就會覺得很感激。

　　由此可知成為富人的第一步是「把部分的收入存起來」，就算國民年金的報酬率不是我們實際上希望與滿足的水準，持續存下一定的比例投資，就能創造相當可觀的系統收入。我甚至認為「年輕時應該多扣一些，這樣就不會把錢花在其他地方」，如果扣除收入的 30％ 繳納國民年金，能創造 6％ 報酬率

---

[*] 國民年金中央主管機關為衛生福利部，保額計算可至官網查詢。

的資產，那全體國民就都能成為富人，甚至會有更好的福利。

分散投資降低風險

如果已經規畫好要存的金額，接下來就是計畫投資目標的階段，我們的最終目標是投資系統資產，讓系統收入超過生活開銷。不過，每個人抵達目的地的路徑不同，大致上來說，投資也能分為兩大類型，是要安穩零風險，還是願意承擔風險？

如果能存30％以上的收入，光憑6％的報酬率就能成為富人，那就不需要太過於煩惱，只要以安全的方式存系統資產即可。購買美國的固定股利特別股或特別股ETF，收到股利時就再次進行投資。不過，此時如果只有投資美國特別股一項資產，可能會有美國利率上升或匯率等風險，為了降低風險，基本原則是要分散投資。

試著關注美國股息與能收到租金的收益型不動產，雖然需要具備看不動產的眼光、下工夫學習、四處奔波，但如果每個月都能收到租金，也是非常可靠的系統收入。股息能每個月小額投資，但不動產需要一定程度的資金；投資股息後，如果存到一筆資金，建議投資收益型不動產。

◇ 想要更高的收入就需要投資資產

前文我們已經談過，將 20％的稅金與 1.5％的通貨膨脹納入考量時，若是想存收入的 30％，以每年 6％的報酬率成為富人，需要 36 年 7 個月的時間。這是 28 歲開始工作，65 歲成為富人的方法，但如果現在的年齡遠遠超過 28 歲，就會很難達成目標。雖然可以降低開銷並投資更多錢，但事實上並非容易之事，如此一來，就該考慮更高的投資報酬率。

實質稅後報酬率很重要

我之所以能比預期更早成為富人，最大的原因就在於投資報酬率。因為投資股票每年超過 20％的報酬率，所以能提早成為富人。稅後報酬率如果達到 20％，就算只投資收入的 30％，6 年後也能成為富人。不過前提是系統資產往後也會繼續帶來 20％報酬率，現實上，這幾乎是不可能的事。但如果投資資產的報酬率很高，就能縮短達成目標系統資產所需要的時間。

系統資產的實質稅後報酬率是 3.3％（稅前報酬率 6％，稅率 20％，通貨膨脹 1.5％），假設每個月的收入是 300 萬韓元，生活開銷是 70％，也就是 210 萬韓元（就算每月收入是 1,000 萬韓元，生活開銷是 700 萬韓元，結果還是一樣）。生活開銷 210 萬韓元如果以系統收入支應，需要 7 億 6,364 萬韓元（210 萬 ×12 個月 ÷3.3％）的系統資產。

依照投資報酬率不同，每個月投資 90 萬韓元，想要創造 7 億 6,364 萬韓元需要的時間，見表 11-4。

表 11-4 以 90 萬韓元創造 7 億 6,364 萬韓元所需時間

生活開銷率	目標系統收入	目標系統資產	實質稅後報酬率	投資期間
70%	210 萬韓元（約新台幣 5.25 萬元）	7 億 6,364 萬韓元（約新台幣 1,909.1 萬元）	3.30%	36 年 7 個月
70%	210 萬韓元	7 億 6,364 萬韓元	6%	27 年 9 個月
70%	210 萬韓元	7 億 6,364 萬韓元	8%	23 年 10 個月
70%	210 萬韓元	7 億 6,364 萬韓元	10%	21 年 0 個月
70%	210 萬韓元	7 億 6,364 萬韓元	15%	16 年 6 個月
70%	210 萬韓元	7 億 6,364 萬韓元	20%	13 年 9 個月

實質稅後報酬率就算只有 6%，成為富人的時間也能減少將近 9 年的時間；如果是 8%，28 歲開始，52 歲就能成為富人。夢想一夕致富的人往往都會輕視 1% 報酬率，實際上 1% 的投資報酬率，會對我們的人生造成非常大的差異。那麼，提升投資報酬率的方法有哪些？

比較股票與不動產的實質報酬率

　　可最先考慮的投資資產是股票與不動產，股票和不動產同樣都具備風險，盲目地投資可能就會造成嚴重虧損。不過，任何一種投資資產，都該做好虧損的心理準備。雖然系統資產的價格同樣也可能會下跌，但因為一開始的目的就不是要賺取差價，而是要創造系統收入，因此，只要能維持系統收入，就算資產價格下跌也不會造成太大的影響。不過如果目的是賺取差價，投資資產就會因為市價下跌而虧損。

　　以股票與不動產當作投資資產時，報酬率是多少？哪一個是比較好的投資資產？雖然無法斷定報酬會持續下去，但觀察過去有助於了解兩項資產的特性，預測未來。

　　首先，我們先來了解韓國不動產的報酬率，表 11-5 是 KB 國民銀行＊發布的月刊「KB 住宅價格指數」。

　　1986 年底到 2018 年底，從 33.72 增加至 99.98，如果以複利報酬率換算就是一年 3.45％。那股票呢？表 11-6 是各年度的韓國綜合股價指數。

　　韓國綜合股價指數 1980 年 1 月 4 日以 100 計算，2019 年底是 2197.67，大約上漲了 22 倍（不過指數無法反映下市的股票）。40 年上漲了 2,200％，以複合年成長率 CAGR 換算後，年報酬率是 8.03％，是能達成富人公式的超強報酬率。比較

＊　韓國最大商業銀行。

表 11-5 KB 住宅價格指數

年度	買賣指數	增減率（%）	年度	買賣指數	增減率（%）	年度	買賣指數	增減率（%）
1986年	33.72	7.08	1997年	53.70	1.97	2008年	79.91	3.11
1987年	36.11	13.22	1998年	47.06	-12.37	2009年	81.08	1.46
1988年	40.88	14.59	1999年	48.66	3.42	2010年	82.62	1.89
1989年	46.85	21.04	2000年	48.87	0.43	2011年	88.29	6.86
1990年	56.71	-0.55	2001年	53.70	9.87	2012年	88.26	-0.03
1991年	56.39	-4.97	2002年	62.52	16.43	2013年	88.59	0.37
1992年	53.59	-2.90	2003年	66.10	5.74	2014年	90.45	2.10
1993年	52.04	-0.10	2004年	64.74	-2.07	2015年	94.45	4.42
1994年	51.98	-0.20	2005年	67.34	4.01	2016年	95.73	1.35
1995年	51.88	-0.20	2006年	75.15	11.60	2017年	96.91	1.24
1996年	52.66	1.50	2007年	77.51	3.14	2018年	99.98	3.16

※ KB 國民銀行 Liiv ON 從 onland.kbstar.com 確認資料，以一定時間點（2019 年 1 月）的住宅買賣水準換算為百分比，反映各時間點價格水準相對變動率的數值。
資料來源：KB 國民銀行 Liiv ON

表 11-6 各年度韓國綜合股價指數

（單位：Point，%）

年度	指數	增減率	年度	指數	增減率	年度	指數	增減率
1981年	131.3		1994年	1027.37	18.61	2007年	1897.13	32.25
1982年	128.99	-1.76	1995年	882.94	-14.06	2008年	1124.47	-40.73
1983年	121.21	-6.03	1996年	651.22	-26.24	2009年	1682.77	49.65
1984年	142.46	17.53	1997年	376.31	-42.21	2010年	2051.00	21.88
1985年	163.37	14.68	1998年	562.46	49.47	2011年	1825.74	-10.98
1986年	272.61	66.87	1999年	1028.07	82.78	2012年	1997.05	9.38
1987年	525.11	92.62	2000年	504.62	-50.92	2013年	2011.34	0.72
1988年	907.2	72.76	2001年	693.7	37.47	2014年	1915.59	-4.76
1989年	909.72	0.28	2002年	627.55	-9.54	2015年	1961.31	2.39
1990年	696.11	-23.48	2003年	810.71	29.19	2016年	2026.46	3.32
1991年	610.92	-12.24	2004年	895.92	10.51	2017年	2467.49	21.76
1992年	678.44	11.05	2005年	1379.37	53.96	2018年	2041.04	-17.28
1993年	866.18	27.67	2006年	1434.46	3.99	2019年	2197.67	7.67

同時期的股票與不動產後顯示，1986 年到 2018 年的報酬率是
6.49％，雖然韓國人的不動產依賴程度高，但過去股票的報酬
率比不動產高出約 2 倍。

　　不過，單憑這一點無法斷定股票就是比不動產更棒的投資
資產，還有幾個需要考慮的要素。第一，時間不同的誤差。表
11-7 是依照年代比較股票與不動產報酬率的結果。事實上投資
股票的高度報酬率是發生在 1980 年，當時創下一年將近 50％
的驚人報酬率，不過 1990 年後，股票的報酬率就沒有大幅領
先不動產。

表 11-7　股票與不動產的各時期報酬率

年度	不動產			股市		
	起始指數	最終指數	CAGR	起始指數	最終指數	CAGR
1986 ～ 1989	33.72	46.84	11.58%	272.61	909.72	49.44%
1990 ～ 1999	46.84	48.66	0.38%	909.72	1028.07	1.23%
2000 ～ 2009	48.66	81.08	5.24%	1028.07	1682.77	5.05%
2010 ～ 2018	81.08	99.97	2.35%	1682.77	2041.04	2.17%

　　1990 年～ 2018 年不動產和股票的 CAGR 分別是 2.65％與
2.83％，沒有太大的差異。再加上前文提過，不動產能運用槓
桿，利用銀行貸款小額投資，如果價格上漲率高於銀行利率，
實際的投資報酬率就會更高。

　　平均的槓桿效果會是如何？為了了解效果，我試著比較

銀行貸款利率與住宅價格上漲率。在韓國銀行經濟統計系統（ecos.book.or.kr）中，能確認住宅擔保貸款的利率，表11-8 是從 2009 ～ 2018 年的利率與價格上漲率的比較結果。

貸款利率平均數值是 3.93％，相反地，該期間的住宅價格上漲率平均是 2.28％，顯示無法利用銀行貸款的槓桿效果。不動產投資報酬率低於投資股票的報酬率，也無法優於擔保貸款利率，完全顛覆一般人的期待和預期。

表 11-8 住宅擔保貸款利率 VS. 住宅買賣指數上漲率

（單位：%）

類別	2009	2010	2011	2012	2013	2014	2015	2016	2017	2018	平均
擔保貸款利率	4.85	4.71	5.20	4.60	4.04	3.63	3.08	2.93	3.05	3.25	3.93
住宅買賣指數變動率	1.46	1.89	6.86	-0.03	0.37	2.1	4.42	1.35	1.24	3.16	2.28
差額	-3.39	-2.82	1.66	-4.63	-3.67	-1.53	1.34	-1.58	-1.81	-0.09	-1.65

資料來源：韓國銀行經濟統治系統

其實會有這種結果包含了幾項因素，首先，須觀察住宅的範圍。表中的住宅買賣指數是包含三種住宅類型（公寓、獨棟、聯排式）的綜合指數，以投資目的考量的不動產大部分都是公寓，比較公寓買賣指數與住宅綜合指數後，就會形成和表 11-9 一樣的差異。

表 11-9　公寓買賣指數 VS. 住宅綜合指數

年度	公寓			住宅綜合	股票
	起始指數	最終指數	CAGR（%）	CAGR（%）	CAGR（%）
1986～1989	20.08	31.71	16.44	11.58	49.44
1990～1999	31.71	39.28	2.16	0.38	1.23
2000～2009	39.28	77.97	7.10	5.24	5.05
2010～2018	77.97	100.03	2.81	2.35	2.17
1990～2018	31.71	100.03	4.04	2.65	2.83

另外，1990 年～ 2018 年的公寓價格上漲率是 4.04％，高於股票的 2.83％。因此，比較兩者後發現，雖然股票的報酬率較高，但如果只比較公寓，則公寓的報酬率更高。

如果限定為首爾地區的話，這一類的差距就會更懸殊，首爾的公寓買賣指數，1990 年底到 2018 年底從 24.02 上升至 100.01，年報酬率提高 5.04％。相較於同期股票，上漲率幾乎將近 2 倍。以 2018 的上漲率來看，首爾公寓的年上漲率是 7.09％，韓國綜合股價指數的上漲率是 1.60％，公寓的價格上漲率明顯比股票更高。

如果加上貸款的槓桿效果，首爾公寓的報酬率可說是壓倒性獲勝。再加上時近效應（Recency Effect）*，一般人都開始把不動產視為比股票報酬率更好的投資方法。

---

* 指越靠近現在發生的事，越容易記得。

股票和不動產，哪個好？

除了賺取差價，不動產還有一項能提升實質報酬率的要素。將房屋出租，可獲得房租；自住時，只能省去租金。股票除了能賺取差價，還能獲得股利，但一般來說遠低於不動產的租金所得。因此，除了買賣差價，若是把持有收益也列入考量，不動產的收益性可說是更高。

擁有不動產的另一項優點就是變動性。1986 年～ 2018 年這段期間，住宅（2.65％）與股票（2.83％）上漲率都差不多，但股票在各年度的變動更大。住宅收益率範圍是 -12.37％ ～ 21.04％，股票是 -50.92％～ 92.62％，變動性明顯很大。33 次當中有 7 次是虧損，超過住宅的最高虧損率（-12.37％），換句話說，購買住宅的人 33 年會經歷一次虧損，投資股票的人則是每 5 年會經歷一次。

比起獲利帶來的幸福，虧損造成的痛苦，在心理造成的影響會更大 *，從這一點來看，投資不動產是更棒的投資方法。

股票也有優於不動產的地方，第一個是稅金，如同前文提過，投資收入的 20％時，原本成為富人需要的時間是 27 年，如果把通貨膨脹與稅金列入考量，就會暴增為將近 2 倍的 49 年，影響巨大。這也代表通貨膨脹與稅金會侵蝕你的獲利。富

---

* 丹尼爾·康納曼（Daniel Kahneman）的《快思慢想》（*Thinking, Fast and Slow*）指出，和得到利益時相比，對虧損的反應，敏感度約 1.5 ～ 2.5 倍左右。

人最在意的就是稅金，投資不動產會有高額的稅金，不論是買賣或持有，都要課稅*；反之，股票不需要支出這一類的稅金，就算課稅，稅額也比不動產低。特別是股票的轉讓差價，一般來說，韓國不會課稅（但針對大股東的轉讓還是會課稅，小股東也持續在商討當中），因此稅前與稅後報酬率幾乎相同，另外，交易時的手續費也遠遠低於不動產。

　　股票的另一項優點就是可以小額投資，不動產如果利用槓桿也能小額投資，但這終究只是例外的情況，一般人很難每個月都投資不動產 10 萬韓元，不過股票能用 1 萬韓元以下的金額投資。因為不需要等存到一大筆金額，因此可輕易付出行動執行，而且管理上也不像不動產一樣繁瑣。不動產需要尋找承租者或是進行修繕，但股票沒有這一類的負擔。不過，就是因為投資門檻低，很多人沒有下工夫研究就盲目跳入股市，結果都以虧損收場。若是投資股票，雖然不需要花心力維護與修繕，但還是要投入大量的時間去研究和付出努力。

　　股票與不動產優缺點，彙整如表 11-10，不過過去 30 年，住宅與韓國綜合股價指數的上漲率分別是 2.65％與 2.83％，兩者都不到 3％。既然如此，不如投資年報酬率 6％的系統資產，然後把系統收入再拿來投資會更有利。

---

* 台灣賣房賺取價差要課所得稅；買房時要繳房屋稅；持有期間還要負擔房屋稅和地價稅。

表 11-10 股票與不動產的優缺點

分類	股票	不動產
優點	・可小額投資 ・買賣差額沒有課稅	・可利用槓桿 ・持有期間也能另外取得收入 ・低變動性與穩定的報酬率
缺點	・變動性大	・需要一定規模以上投資金

✓ 提升投資的期望報酬率

　　股票與不動產可期待的報酬率如果不到 3 ％，對於成為富人幾乎沒有任何幫助可言，從收益性的角度來看，雖然比存在銀行更好，但若是報酬率低於 6 ％，不如還是把錢用來投資系統資產會更好。不管怎麼樣都要提高報酬率，該怎麼做？

學會正確的投資方法

　　如果能輕易找到高報率的資產就好了，但遺憾的是，我也在苦思，這也是我在研究的一門課程。唯一的方法就是「認真下工夫學習」，我之所以能靠股票獲得高報酬率，是因為我一直都在思考與學習。我涉獵了各種投資理財書，如果有不錯的課程，我也會不吝付出時間與金錢。雖然努力與成果無法視為是線性關係，不過這一類的努力經過長期的累積，終於創造了

不錯的成果。

　　倘若你閱讀本書後有任何領悟與進步，這不就是學習的成果嗎？

　　我想提供一個關於投資的建議，那就是「學習捕魚的方法」。一般人都對「魚在哪裡」特別感興趣，如果是不動產，就會想知道哪個地區有潛力；如果是股市，就會詢問哪個產業具有潛力。不懂捕魚的方法，也沒有像樣的捕魚工具，就算知道哪裡的魚比較多又有什麼用呢？以不動產來說，韓國江南的公寓不錯；股市則是生技產業與第四次工業革命相關領域有潛力，那邊的魚很多。

　　但你真的只想知道這些嗎？與其參加「20XX 年市場展望」之類的演講，不如先擁有基本知識與投資觀點。正常來說，應該要先學會捕魚的方法，再去尋找魚不是嗎？

投資不動產，最好也能變成系統資產

　　關於不動產的投資方法，因為目前尚未累積足夠的經驗，所以無法提供建議。我本來只有靠投資股市增加資產，後來領悟到系統資產的重要性後，才開始關注不動產，因為我個人是把不動產列為系統資產，所以幾乎沒有賺差價的經驗，我太太投資土地買賣時，我也只有提供一般性的建議，不過，選擇投資不動產時，最好也先預設可當作系統資產的可能性。

　　再次強調，我們的終極目標是獲得超越生活開銷的系統收

入，只是在創造系統資產的過程中，把投資資產當作一種縮短時間的方法。當不動產價格下跌時就會手足無措。

事實上，過去30年，首爾公寓的價格都很不錯，只有2010年到2013年連續4年都呈現下跌的狀況，但就算價格下跌，因為租屋的需求量大，所以也可以檢視房屋是否能轉換為系統資產。

《讓錢為你工作的自動理財法》中的夫妻成為富人的祕訣之一，就是買房子收租，利用自動轉帳付貸款。

投資股市，挑選便宜價的好公司

透過正確投資方法，可以改善投資報酬率性，我想推薦股市新手的另一本書是喬爾．葛林布萊特（Joel Greenblatt）的《超越大盤的獲利公式》（*The Little Book That Still Beats the Market*），他成立了歌譚資本（Gotham Capital）私有投資合夥企業，連續20年都達成40％的年報酬率，透過著作公開了投資股市的「神奇公式」。

神奇公式是使用「資本報酬率」（Return on Invested Capital）與「盈餘殖利率」（Earnings yield）兩項指標計算投資標的，將標的的資本報酬率與盈餘殖利率排名，選出兩項指標排名最高的標的。他利用這樣的方法，從1998年至2004年在美國股市中創下CAGR 30.8％的驚人報酬率，當時市場的平均報酬率只有12.3％。

　　會推薦《超越大盤的獲利公式》這本書，是因為頁數較少、容易閱讀，同時也精準地指出投資的精髓。股市投資人最常犯的錯誤之一，就是認為投資股票等於「投資好的企業」。

　　但投資的目的不是投資好的企業，投資的首要目的就是「賺錢」！為了達成這個目標，必須「便宜買入，高價賣出」。我認為的好公司，在他人眼中也是好公司，如果是大家認同的好公司，大部分價格都很高。如此一來，就無法達成投資賺錢的第一個階段──「便宜買入」，反而變成「高價買入」。因此，如果不考慮價格，只是盲目地尋找好公司，投資十之八九都會以虧損收場。運氣好一點，或許會出現「買貴賣更貴」的情況，但最後還是有可能嚴重虧損。

　　投資股票的首要目標不是「投資好公司」，而必須是「便宜買入好公司」。因此，需要評估價格是便宜或昂貴，也就是計算股票的合理價，比較後判斷是便宜（價格／價值）或昂貴（價格／價值）的過程。不過大部分的投資人都不會判斷股票的合理價格，只會比較過去與現在的價格，藉此判斷價格的便宜或昂貴，原本 10,000 韓元的股票，若是變成 5,000 韓元就會認為便宜，若是變成 20,000 韓元就會認為昂貴。但那只能看出價格「下跌」、「上漲」而已，並不能當作便宜或昂貴的根據。假如合理價 3,000 韓元的股票，從 10,000 韓元跌到 5,000 韓元，即使價格砍半還是很貴。

　　喬爾‧葛林布萊特在書中提出的神奇公式雖然只有兩項指標，但他精準地指出投資股市的目標是「便宜買入好公司」。

　　第一項指標「資本報酬率」是指相較於投資公司的資本，創造了多少利潤。你投資 1 億元成立公司後，如果創造 1,000 萬的利潤，資本報酬率就是 10%。

　　第二個指標「盈餘殖利率」是指能夠用多少錢買下公司賺取的利潤。如果能用 5,000 萬買下創造出 1,000 萬利潤的公司，盈餘殖利率就是 20%；如果以 2 億元購買，盈餘殖利率就是 5%。盈餘殖利率越高，就代表是便宜的公司。由於資本報酬率高就是好公司，盈餘殖利率高就是便宜的公司，因此，投資這兩項排名高的公司，就是「便宜買好公司的方法」。只要持之以恆執行，就能獲得優於市場平均的豐碩成果。

　　像這樣利用企業的財報資料或市場價格，制定與執行投資策略就稱為「量化投資」（Quantitative Investing）。這是一種股市新手也能輕易學習，同時也是能期待超額利潤的合理投資法。韓國姜奐國著作的《我也會量化投資！》中包含了許多量化策略，也把相關資訊整理得相當完善，該書的副標題是「新手也能賺取年報酬率 20% 的股市投資法」，與內容相當切合，建議想要投資股市的投資人一定要試著閱讀。書中指出神奇公式的極限，同時提出了加強它的「新神奇公式」，只要能達成書中提出的期望報酬率，就能縮短成為富人的時間。

　　我剛開始是利用財務指標以量化的方式投資，隨著對投資的研究越深入，逐漸產生了信心，選擇分析個股後頻繁交易。所幸獲得了超乎預期的報酬率，也因此很快就獲得了財務自由。不過我認為這不是所有人都能輕易模仿的方式，必須經過

許多學習、苦思和忍耐。

　　所以建議投資股市時，先使用量化投資，經過充分的學習後，再慢慢把部分資金投資在個股，然後觀察成果。此外，也可以依照個人的特性、氣質、投資環境不同，判斷量化投資或個股投資哪一個比較適合自己。必須先了解自己，在投資過程中才能做出正確的判斷，唯有兩種方法都嘗試過，才能找到最好的方法。

◈ 資產分配是必備的

　　無論選擇與執行多麼棒的投資策略，都無法擺脫市場的風險，過去的成果無法保證未來的獲利，市場隨時都有可能會出現「黑天鵝效應」＊。管理投資風險最傳統的方式就是「資產分配」，是一種投資相關性不高或是性質相反的多元化資產（股市、債券、黃金、原料、海外資產等），分散風險且追求持續獲利的方法。

　　不過分散投資時，雖然能降低風險，但卻難以期待獲得年6％以上的報酬率＊＊，建議分配系統資產與投資資產。也就是使用部分投資金建構系統資產，創造穩定的系統收入，剩下的投

＊ 黑天鵝（Black swan），指極不可能發生，實際上卻又發生的事件。
＊＊ 不過，由於情況有可能持續改變，因此不需要下工夫學習資產的分配，對於個人投資者的資產分配，我推薦金成日的《魔法的錢滾錢》。

資金分配在投資資產，縮短達成目標的時間。

目前還未能找出合理的標準，決定兩者的分配比例，不過建議可以在 30%～ 70%間自行調整。如果有承受風險的信心，已經有某種程度的投資研究，那就可以增加投資的比例；如果認為還需要學習與累積經驗，就增加系統資產的比例。不過就算對投資有信心，至少保留 30%投資系統資產。系統資產如果能形成穩定的系統收入，獲得好成果的機率很高。

想要成功投資，心理上的從容或穩定占了很重要的因素。一個月內就想獲利的人，和利用 5 年以上的時間從容投資的人，哪一個人的成果會更好呢？如果有穩定性的系統收入，就能等待與撐過績效不佳的下跌期或是停滯期。就算當下沒有錢，不能失去維生能力。看看 1998 年金融風暴或 2008 年金融海嘯時，沒有賣掉投資資產撐過來的人後來的成果吧。

他們的資產長期來看是上漲的，只要資本主義社會持續印錢，價格就會上升。不過，隨時都有可能發生短期的停滯。為了能撐過短暫的停滯期，就必須積蓄力量與制定策略，華倫‧巴菲特曾說過：「股市會把錢從沒有耐心的人手中，轉移到有耐心的人的那裡」。

如果天生沒有耐心，系統收入將會成為你的耐心！

致富
練習

創造個人專屬藍圖

利用 Excel 描繪專屬的富人藍圖。要快速達成富人條件「系統收入＞生活開銷」是很困難的，首先，試著分階段設定目標系統收入，然後依照下列的階段執行。

1. 設定階段

設定階段的方法可分為兩種：

① 各個期間的目標

第一，設定一定的時間，制定以每 3 年或 5 年為單位的目標。舉例來說，可依照下列的方式設定：

設定各個期間的目標

年度（年齡）	最低目標系統收入
2020 年（30 歲）	目前（0 元）
2025 年（35 歲）	30 萬韓元
2030 年（40 歲）	60 萬韓元
2035 年（45 歲）	90 萬韓元
2040 年（50 歲）	120 萬韓元
2045 年（55 歲）	150 萬韓元
2050 年（60 歲）	180 萬韓元

② 人生轉折點

第二個方法是，設定人生的主要轉折點，也就是依照結婚、生子、小孩的入學與畢業、退休等分階段設定目標。舉例來說，可依照下列的方式設定：

設定轉折點

年度（年齡）	事件	目標系統收入
2020 年（30 歲）	目前	
2022 年（32 歲）	結婚	20 萬韓元
2025 年（35 歲）	第一個小孩出生	50 萬韓元
2027 年（37 歲）	第二個小孩出生	80 萬韓元
2032 年（42 歲）	老大入學	100 萬韓元
2034 年（44 歲）	老二入學	120 萬韓元
2040 年（50 歲）	中程目標	150 萬韓元
2045 年（55 歲）	中程目標	170 萬韓元
2050 年（60 歲）	退休	200 萬韓元

除了這兩種方式，你也能依照自己的狀況設定短期目標。無論使用哪一種方式，時間與金額都必須具體。

2. 設定資產分配比例與目標報酬率

只投資系統資產如果很難在短期內達成目標，只要把全部的資金投資系統資產即可。不過，系統資產的報酬率隨時都會改變。近來，隨著利率持續變低，系統資產的報酬率也持續降低，

如果系統報酬率降至 4%，就有可能產生問題。因此，平常最好至少要有 30%的資金投入投資資產，研究適合自己的投資資產。

以①的情況來說，短期目標是 5 年後創造系統收入 30 萬韓元，利用第 10 章致富練習中的 Excel 就能和下圖一樣計算出投資金額。

B7		fx = PMT(B1/12,B2*12,B3,B6)				
	A	B	C	D	E	F
1	收益率（年）	3.3%				
2	投資時間（年）	5年				
3	目前持有金額	₩0				
4	目標系統收入	₩300,000				
5						
6	目標系統資產	₩109,090,909				
7	每月投資金額	−₩1,674,798				

以②來說時，短期目標是 2 年後創造系統收入 20 萬韓元。每個月要投資的金額如下：

B7		fx = PMT(B1/12,B2*12,B3,B6)				
	A	B	C	D	E	F
1	收益率（年）	3.3%				
2	投資時間（年）	2年				
3	目前持有金額	₩0				
4	目標系統收入	₩200,000				
5						
6	目標系統資產	₩72,727,273				
7	每月投資金額	−₩2,935,566				

①每個月需要 168 萬韓元，②每個月需要 294 萬韓元的投資金。如果情況允許，當中的 70%投資系統資產，剩下的 30%就分配在投資資產。投資資產的實質稅後報酬率若是超過 3.3%就會超

過目標，若是報酬率太低，就會無法達成目標。就算不幸虧損，就當作是為了提升長期投資報酬率的學習。

如果無法投資上述的金額，那該怎麼做呢？此時就該提高投資資產的比例，設定投資資產的目標報酬率。以①的情況來看，實際上如果能投資的金額是 120 萬韓元，可依照下列方式計算出目標報酬率。

首先，必須決定系統資產與投資資產的分配比例。如果還年輕，不擔心風險，可以把 30％分配在系統資產，70％分配在投資資產。此時系統資產的投資金額是 36 萬韓元，5 年後可獲得多少系統資產？使用 FV 函數就能算出來。

> **FV（rate, nper, pmt, [pv], [type]）**

每年投資 100,000 韓元在報酬率 10％的資產，連續投資 10 年後，可獲得之金額的計算方式如下：

> RATE（利率）=10%
>
> NPER（繳納次數）=10 次
>
> PMT（繳納金額）=（-）100,000

如果帶入 Excel，獲得的結果是 1,593,742 元。

	A1			*fx*	=FV(10%,10,−100000)		
	A	B	C	D	E	F	G
1	₩1,593,742						

每個月分配 36 萬韓元投資稅後報酬率 3.3% 的系統資產時，
5 年後可獲得的金額如下：

RATE（利率）= 3.3% / 12

NPER（繳納次數）= 5 年 ×12

PMT（繳納金額）=（-）360,000

	A1			*fx*	=FV(3.3%/12,5*12,−360000)		
	A	B	C	D	E	F	G
1	₩23,449,230						

為了獲得每個月 30 萬韓元的系統收入，需要的系統資產是
109,090,909 元，投資系統資產可獲得的金額是 23,449,230 元，
剩下的金額 85,641,679 則必須透過投資資產獲得。

每月分配投資金額 120 萬的 70%，也就是 84 萬韓元，若是
想在 5 年後獲得 85,641,679 韓元，必須達到多少報酬率呢？可利
用代表報酬率的 RATE 函數計算，RATE 函數的語法如下：

> RATE（nper, pmt, pv, [fv], [type], [guess]）
>
> 「guess」是選用，利率的估計值。偶爾會出現遠遠超出 Excel 估計範圍的報酬率，舉例來說，如果是必須達成 1,000,000%報酬率，則無法輕易找到。

現在我們該輸入的引數如下：

> NPER（繳納次數）＝ 5 年 ×12
>
> PMT（繳納金額）＝（-）840,000
>
> PV（目前持有金額）=0
>
> FV（未來目標金額）＝ 85,641,679

輸入 Excel 中，就能算出 1.672%的目標月報酬率。

A1			fx	=RATE(5*12,-840000,0,85641679)		
A	B	C	D	E	F	G
1.672%						

此時只要乘以 12 就會是 20.07%，由於我們算出的報酬率是複利「（1+1.672%）12 - 1=22.02%」因此可算出目標報酬率是 22%。

	A3		▼	f_x	= (1+A1)^12-1		
	A	B	C	D	E	F	G
1	1.672%						
2	20.07%						
3	22.02%						

值得注意的是，算出的目標報酬率太高時，就該修改實際的目標。華倫‧巴菲特的報酬率是年化報酬率是 20%，彼得‧林區（Peter Lynch）的麥哲倫基金（Magellan Fund）年化報酬率是 29%，13 年下來累積報酬率是史上最高的 2,700%。

如果目標是比他們更高的報酬率，很可能就會變成投機，而不是投資。雖然也可能會有一、兩年的高報酬率，但要持續達成高水準報酬率並非容易的事。

不需要太焦慮，就算目標不能完全達到財務自由（系統收入＞生活開銷），也可以把目標設定為「薪水以外的額外收入」，只要達到這樣的目標，就能讓我們的生活變得更美好。

3. 各個階段的檢測與修正

設定與記錄短期目標後，每隔一段時間進行檢討，在第一階段中是否有達成設定的目標？沒有達成的原因是什麼？試著比較期望的目標投資報酬率與實際達成的投資報酬率。修改長期目標與更新的同時，是否有遵守藍圖進行呢？如果計畫偏離目標，該如何修正？透過這個方式能幫助你做出正確的判斷。

結語
不再為錢工作，做自己真正想做的事

　　世界會不斷地改變。

　　本書推薦的 6％系統資產摩根大通的固定股利特別股，2020 年殖利率已經降低為 4.75％，因為美國的利率持續降低，原本報酬率約 6％的特別股贖回後，以 4.75％的利率重新發行。韓國國內的情況也不太樂觀，政府推出了新的不動產政策，申明透過不動產獲得的所得屬於非勞動所得，展現了打房的決心。

　　沒有人能預測幾個月後情況是否又會改變，說不定不久本書的觀念也會變成「舊觀念」。不過就算本書的內容會過時，相信你在實踐的同時，累積的知識都會成為人生的養分。

　　成為富人的過程如下：

1. 評估與記錄自己的狀態。
2. 建立財務目標，描繪達成目標所需要的藍圖。
3. 是否有確實遵循藍圖執行，每隔一段時間要進行確認與修訂。

　　錢多就會幸福嗎？韓國 2011 年播放的 KBS 紀錄片《幸福的方法》中，有關於金錢與幸福的關聯性，大多數的人都認為

幸福要靠金錢來達成。針對「有多少錢才會幸福」，多數人都認為要 10 億～ 50 億韓元，平均是 21 億韓元，相當是前 1％富人擁有的財產金額。

有錢真的就比較幸福嗎？根據許多研究結果顯示，一般人想要擺脫貧困時，金錢是對幸福造成影響最大的因素。在三餐不繼的情況下，金錢不僅能保障生存還能帶來幸福。不過當脫離貧困後，金錢與幸福就幾乎沒有任何關係。紀錄片中的研究結果是，每月所得 400 萬韓元以下時，幸福會依照比例增加，所得超過 400 萬韓元時就不會再增加，反而會減少。

韓國延世大學的徐恩國是世界知名的幸福心理學家之一，他的著作《幸福的起源》談到，金錢在人類感受的幸福中扮演如同維他命一般的角色。當缺乏維他命時，健康就會出現異常，攝取過量對健康不會有任何幫助。同理，當金錢匱乏時，就無法感到幸福，但過多的財產對幸福沒任何幫助。反倒是為了賺更多的錢，犧牲了其他能感到幸福的因素（健康、與家人的時間、社會關係等）。

心理學有一個概念是「享樂適應」（hedonic adaptation），人類具備適應任何事的能力，因此會形成一種耐受性，就算是程度相同的刺激，也無法感受到和第一次一樣的快樂。所得增加與累積財富是件喜悅的事，不過當人類適應那份喜悅時，就會想要更多的財富，期待能獲得更大的刺激，有錢人會想要更多的財富，就是基於這個原因。如果無法擺脫金錢的束縛，沉迷且被金錢擺布，這樣還能稱得上是真富人嗎？

　　紀錄片《幸福的方法》中出現了好幾個人物，其中一個人離職後創業開烤肉店，辛苦熬了 7 年後終於成功，他說自己為了把握好不容易取得的機會，不僅全年無休，早上到下午 5 點妻子在賣午餐，下午 5 點到凌晨 4 點則是由老公開烤肉店。不常見到爸爸的兩個女兒問說：「我們什麼時候會一起住？」那對夫妻的目標是 10 年後成為「財務自由的富人」。

　　有一名牙醫在新開發的都市開了一間牙醫診所，診所對面就有七間牙醫診所競爭，明明是一間擁有十名職員的大型牙科，但身為牙科院長的他依然覺得很不安，覺得現在如果不繼續發展，隨時都有可能被淘汰，讓他一直都戰戰兢兢。

　　根據 OECD 調查的幸福指數來看，韓國每次都位居後段班，在紀錄片中進行了街頭問卷調查「你是否滿足自己的生活？」有 53％的韓國人表示滿足，相反地，幸福指數第 1 名的丹麥人則有 93％的滿意度。紀錄片中受訪的丹麥砌磚工也令人印象深刻，他以自己的職業為傲，如果沒有他，大家就必須住在沒有屋頂的房子，自己的工作和銀行總裁一樣重要。1 年至少有 5 週的有薪假，每週的勞動時間不超過 37 小時，他一個月的薪水是 600 萬韓元。不過當中有將近 300 萬韓元必須繳稅，稅後的收入只有 300 萬韓元而已。收入的一半必須繳稅，照理說應該會有怨言，但他卻完全沒有不滿，反而認為自己的薪資太高。當他 65 歲時，領取的老人年金約是自己薪資的一半，而且可以領到離世為止。

　　國家就屬於系統資產。在保障基本生存的社會中，重要的

是我們自己與家人。砌磚工梅斯・漢森說：「我現在從事自己喜歡的工作，不需要太多的錢，我的意思並不代表錢不重要，每個人都希望能賺很多錢。不過能把時間分配給妻子、小孩比賺錢更重要。」

我們常說：「勞動是神聖的」，有人認為勞動收入不是通往富人之路的方法，「不正當的」非勞動所得才是成為富人真正的方法，但也有人抱持相反的意見。我沒有鄙視勞動的想法，不過我們真的是在從事神聖的勞動嗎？我們勞動的目的是什麼，又是為了誰？如果是為了錢忍耐不喜歡的工作，可以稱得上是神聖嗎？為什麼上班族最喜歡星期五，最討厭星期一？

我曾聽到電視節目中有人說：「如果沒有錢，你還會做那份工作嗎？如果沒給錢，你就不會做了，所以你是為了錢才工作的。」這番話不僅殘忍也有些極端。在資本主義的社會中，真的有人可以不拿錢工作嗎？

如果無法獲得任何酬勞，我也不會想要上課和寫書。若是有人工作不需要收取任何代價，那絕對是整個社會都不樂見的情況，試著思考，如果有人免費做你目前從事的工作，那會變得怎麼樣呢？「就算沒有錢，你也會做那份工作嗎？」不是一個恰當的問題，不過我想問：「就算你有足夠的錢，也會做那份工作嗎？」

如果是真正神聖的勞動、有意義的工作，就算已經財務自由，應該也會去做不是嗎？如果是中樂透就會立刻離職的工作，可以算是「神聖的勞動」嗎？

　　我是在成為富人後才進行神聖勞動的，當我的系統收入大於生活開銷，我便認為自己不需要繼續做「為了錢的工作」，並且開始思考自己真正喜歡的工作，以及想要做的事。我減少了會讓身體勞累的課程，不過通常在傳授與指導他人知識後，都能獲得感激的回饋，因此我認為這也是一種「就算財務自由，也會想做的工作」。美國橋水基金創始人雷・達利歐（Ray Dalio）是全世界最成功的投資人之一，我能理解他為一般人寫書和拍攝 YouTube 影片的理由，所以我偶爾還是會進行專題講座或是線上課程。而且對我來說，像這樣寫書傳達想法也是一件很愉快的事，就算有足夠的錢，我也想要繼續寫書，不設截稿日，我想寫的時候再動筆，雖然寫一本書需要超過 1 年的時間，但我很樂在其中。

　　還有什麼工作是令人既開心又有趣的？就算有足夠的錢，還是想做的工作又有哪些？剛開始我根本就想不到，這是因為我長久以來都只想著「該怎麼做才能賺更多錢？該怎麼做才能成功？」

　　從來沒思考過自己真正喜歡的事物，我甚至有種自己也不太了解自己的想法。

　　直到有一天我突然想設計桌遊。小時候因零用錢不夠，曾自己製作骰子遊戲或桌遊，雖然是我創造的遊戲，但朋友們都玩得很開心。當會計師考試二度落榜，對於未來感到茫然不安的那段時期，我曾一度考慮放棄會計師，想選擇進入遊戲公司，雖然薪水不高，但是自己的興趣。遺忘將近 20 年的那條

路，現在又再度出現在眼前，有種漸漸更認識自己的感覺，我終於能做自己想做的事了。

你是否曾思考過「就算財務自由，也會想做的工作」是什麼？希望你能找到那樣的工作。如同丹麥砌磚工對自己的工作深感自豪，希望社會有更多這類的人，也希望韓國的社會福利水準能提升並強化年金制度。

雖然也有人強調實質稅後報酬率比較重要，應該要節稅，但如果能和丹麥一樣，我倒是很樂意繳納稅金。人類不可能獨自變幸福的，必須要能在周圍的人與社會關係中獲得安定感，如果圍牆外都是貧民和強盜，有可能會有幸福的生活嗎？

目前福利政策與年金體制都無法符合我們想要的水準，若是國家無法提供，就該由我們自己創造。期望本書介紹的富人公式與系統收入能替你創造幸福的安全網，只要能達成目標，就能一起成為真正幸福的富人。

如果本書能讓社會的幸福指數提升 0.001％，對我來說就是深具意義的一件事。

附錄

表 A 股息成長超過 25 年的美股企業

（單位：年，%）

股票代號	公司名稱	中文名稱	股息增加期間	殖利率
AWR	American States Water	美國國家水務公司	64	1.28
DOV	Dover Corp.	多佛企業	63	1.89
NWN	Northwest Natural Gas	美國西北天然氣公司	63	2.75
EMR	Emerson Electric	艾默生電氣公司	62	2.79
GPC	Genuine Parts	純正零件公司	62	2.97
PG	Procter & Gamble	寶僑	62	2.39
MMM	3M	3M	60	3.42
CINF	Cincinnati Financial	辛辛納提金融公司	58	1.98
JNJ	Johnson & Johnson	嬌生	56	2.88
LOW	Lowe's	勞氏公司	56	1.98
KO	Coca-Cola Co.	可口可樂公司	56	2.94
LANC	Lancaster Colony Corp.	蘭開斯特公司	56	1.87
ITW	Illinois Tool Works	伊利諾工具公司	55	2.54
CL	Colgate-Palmolive	高露潔 - 棕欖	55	2.51
TR	Tootsie Roll	同笑樂軟糖	53	1.05
CB	Chubb Limited	安達保險	53	1.97

股票代號	公司名稱	中文名稱	股息增加期間	殖利率
HRL	Hormel Foods	荷美爾	52	2.05
ABM	ABM Industries	ABM 工業公司	51	1.97
FRT	Federal Realty Investment Trust(REITs)	聯邦房地產投資信託	51	3.09
SCL	Stepan Co.	斯捷潘公司	51	1.11
SWK	Stanley Black & Decker, Inc.	史丹利百得公司	51	1.80
TGT	Target	目標百貨公司	51	2.45
CWT	California Water Services Group	加州供水服務公司	51	1.41
SJW	SJW Corp	SJW 集團	51	1.61
CBSH	Commerce Bankshares	商業銀行	50	1.62
BKH	Black Hills Corp	黑山公司	49	2.56
FUL	H.B. Fuller Co.	H.B. 富勒公司	49	1.31
NFG	National Fuel Gas Co.	全國燃料瓦斯公司	48	3.84
SYY	Sysco Corp	西斯科公司	48	1.96
BDX	Becton Dickinson	美國 BD 公司	47	1.20
MSA	Mine Safety Applications	礦用安全應用	47	1.39
LEG	Leggett & Platt	禮恩派公司	47	3.12
TNC	Tennant Co.	坦能公司	47	1.16
UVV	Universal Corp	環球公司	47	5.54
GWW	W.W.Grainger	固安捷公司	47	1.87
ABT	Abbott Labs	美國雅培	46	1.53
GRC	Gorman-Rupp	戈爾曼 - 魯普	46	1.57

股票代號	公司名稱	中文名稱	股息增加期間	殖利率
PPG	PPG Industries	PPG 工業集團	46	1.62
PEP	PepsiCo	百事公司	46	2.79
VFC	V.F. Corporation	威富公司	46	2.33
ABBV	AbbVie Inc.	艾伯維公司	46	5.38
MSEX	Middlesex Water Co.	米德爾塞克斯自來水公司	46	1.55
HP	Helmerich Payne	赫爾默里希·佩恩石油	46	7.57
KMB	Kimberly-Clark	金百利克拉克	46	3.10
NUE	Nucor Corporation	紐克鋼鐵公司	45	2.94
ADP	Automatic Data Processing	自動資料處理公司	44	1.95
TDS	Telephone & Data Systems	電話 & 資料系統公司	44	2.47
ED	Consolidated Edison	聯合愛迪生公司	44	3.21
RPM	RPM International	RPM 國際	44	1.97
WMT	Wal-Mart Stores	沃爾瑪	44	1.80
MGEE	MGE Energy	MGE 能源	43	1.84
WBA	Walgreens Boots Alliance, Inc.	沃博聯公司	43	3.28
ADM	Archer Daniels Midland Co.	阿徹丹尼爾斯米德蘭公司	43	3.33
PNR	Pentair Inc.	濱特爾公司	42	1.72
MCD	McDonald's	麥當勞	42	2.54
CSL	Carlisle Co.	卡萊爾夥伴公司	42	1.31

股票代號	公司名稱	中文名稱	股息增加期間	殖利率
RLI	RLI Corp	RLI 公司	42	0.95
CLX	Clorox Co.	高樂氏公司	41	2.87
MDT	Medtronic, Inc.	美敦力公司	41	1.99
SHW	Sherwin Williams	宣偉	40	0.77
EV	Eaton Vance	伊頓萬斯	38	3.29
CTBI	Community Trust Bancorp	大眾信託合眾銀行	38	3.47
SON	Sonoco Products Company	索那可產品公司	38	2.95
BEN	Franklin Resources	富蘭克林資源公司	37	3.77
ORI	Old Republic International Corp	老共和國國際公司	37	3.57
WEYS	Weyco Group	韋科鞋業集團	37	3.84
APD	Air Products & Chemicals	空氣化工產品有限公司	36	2.18
XOM	Exxon Mobil	艾克森美孚	36	5.14
ATO	Atmos Energy	埃特莫斯能源	36	1.87
CTAS	Cintas Corporation	信達思	36	0.76
AFL	Aflac	美國家庭人壽保險公司	36	2.03
BF-B	Brown-Forman	百富門	34	1.01
DCI	Donaldson Company	唐納森公司	34	1.59
T	AT&T	AT&T	34	5.34
ECL	Ecolab Inc.	藝康	33	0.96
SRCE	1st Source Corporation	第一來源公司	33	2.25

股票代號	公司名稱	中文名稱	股息增加期間	殖利率
MCY	Mercury General	水星保險集團	33	5.31
CVX	Chevron Corp	雪佛龍	33	4.10
BRC	Brady Corp	貝迪	33	1.54
TMP	Tompkins Financial	湯普金斯金融公司	33	2.37
UHT	Universal Health Realty Income Trust(REITs)	環球不動產信託公司	33	2.23
UGI	UGI Corp	UGI 公司	33	2.71
MKC	McCormick & Co.	味好美公司	32	1.40
TROW	T. Rowe Price	普信集團	32	2.59
THFF	First Financial Corp	第一金融公司	32	2.38
CFR	Cullen Frost Bankers Inc.	弗羅斯特銀行	26	3.15
SKT	Tanger Factory Outlet(REITs)	丹吉爾工廠房地產信託	26	8.65
WST	West Pharma Services	西氏	26	0.44
JW-A	John Wiley & Sons	約翰威立	25	2.95
ESS	Essex Property Trust(REITs)	埃塞克斯資產信託	25	2.38

※2019 年 10 月 31 日為基準
資料來源：Dividend.com

翻轉學 翻轉學系列 069

真富人，假富人

韓國會計之神教你三大致富公式，只懂加減法，
就能打造財務自由的金錢系統
진짜 부자 가짜 부자

作　　　者　史景仁（사경인）
企　　　畫　朴懸和（박경화）
譯　　　者　林建豪
總 編 輯　何玉美
主　　　編　林俊安
責任編輯　袁于善
封面設計　張天薪
內文排版　黃雅芬

出版發行　采實文化事業股份有限公司
行銷企畫　陳佩宜・黃于庭・蔡雨庭・陳豫萱・黃安汝
業務發行　張世明・林踏欣・林坤蓉・王貞玉・張惠屏
國際版權　王俐雯・林冠妤
印務採購　曾玉霞
會計行政　王雅蕙・李韶婉・簡佩鈺
法律顧問　第一國際法律事務所　余淑杏律師
電子信箱　acme@acmebook.com.tw
采實官網　www.acmebook.com.tw
采實臉書　www.facebook.com/acmebook01

I S B N　978-986-507-491-3
定　　　價　360 元
初版一刷　2021 年 10 月
劃撥帳號　50148859
劃撥戶名　采實文化事業股份有限公司
　　　　　104 台北市中山區南京東路二段 95 號 9 樓
　　　　　電話：(02)2511-9798　傳真：(02)2571-3298

國家圖書館出版品預行編目資料

真富人，假富人：韓國會計之神教你三大致富公式，只懂加減法，就
能打造財務自由的金錢系統 / 史景仁（사경인）著，朴懸和（박경화）
企畫；林建豪譯 . – 台北市：采實文化，2021.10
256 面；14.8×21 公分 . –（翻轉學系列；69）
譯自：진짜 부자 가짜 부자
ISBN 978-986-507-491-3（平裝）

1. 個人理財 2. 財富 3. 投資 4. 成功法

563　　　　　　　　　　　　　　　　　　　110012289

翻轉學

翻轉學